唐门山文化研究

毛时亮　著

图书在版编目（CIP）数据

唐门山文化研究 / 毛时亮著 . -- 北京 : 中国原子能出版社 , 2020.12
ISBN 978-7-5221-0895-7

Ⅰ . ①唐… Ⅱ . ①毛… Ⅲ . ①山 – 文化研究 – 黄岩区 Ⅳ . ① K928.3

中国版本图书馆 CIP 数据核字 (2020) 第 187623 号

内容简介

“山不在高，有仙则名。”唐门山位于黄岩北城，是朱熹揽胜吟诗地、黄岩文化坐标地、一代状元尽节地、王林洋海战遗址地、王棨雅集修禊地、和合文化地。这里古遗址、古建筑、古墓葬等历史遗迹众多，历史文化、山水文化、宗教文化、战争文化、名人文化等深厚。唐门山文化体现出的崇文重教、台州式硬气、爱国主义精神、清廉品格等精神是不可多得的教育资源，是“千年永宁”的核心思想。但由于时代久远，保护不足，文化遗产破坏严重。本书通过梳理唐门山文化遗存，挖掘唐门山文化内涵，分析唐门山文化精神，最后提出唐门山文化保护与开发策略。

唐门山文化研究

出版发行	中国原子能出版社（北京市海淀区阜成路 43 号　100048）
策划编辑	高树超
责任编辑	高树超
装帧设计	河北优盛文化传播有限公司
责任校对	冯莲凤
责任印制	潘玉玲
印　　刷	定州启航印刷有限公司
开　　本	145mm×210 mm
印　　张	5.75
字　　数	162 千字
版　　次	2020 年 12 月第 1 版　　2020 年 12 月第 1 次印刷
书　　号	ISBN 978-7-5221-0895-7
定　　价	35.00 元

发行电话：010-68452845　

前言 Preface

巍巍黄岩山，滔滔永宁水，孕育了黄岩灿烂辉煌的文明，涵育了黄岩人大气开放、海纳百川的精神气度，见证了“千年永宁”的风云变幻。

“丹崖形胜地，众水下唐门。”唐门山地处永宁江的水口，因山形似龟，又称龟山。其位于黄岩区北城街道，西依翠屏山，北靠马鞍山，南临永宁江，海拔 35.8 米。“唐门之山旷而幽，唐门之水清且浏。”山虽不高，但历史悠久，文化丰富。

笔者与唐门山结缘于 2009 年，那一年台州科技职业学院新校园正式搬迁至永宁江边，与唐门山隔江相望。漫步校园，就能看见唐门山将军岩上的“元魏国公忠介尽节处”的摩崖石刻和将军庙，这引起了笔者的好奇，趁周末来到唐门山上，发现了很多的文化遗存（如泰不华墓、崇节祠遗址、唐门双塔废墟等），听到了许多唐门山的传说、故事。2016 年，随着唐门双塔重新建成，唐门山才开始进入人们的视野。通过查阅资料、田野调查、走访群众等方式，笔者逐渐对唐门山文化有了更多的了解。

这里历史遗存丰厚。悠久的历史给唐门山遗留了内容丰富、种类齐全的文化遗产。这些物质文化遗产涵盖了古遗址、古墓葬、古建筑、石窟寺及石刻、近现代重要史迹及代表性建筑五个类别，且每个类别中都有积淀深厚、影响较大的代表性遗产，如唐门双塔、王林洋海战遗址、摩崖石刻、泰不华墓、将军庙、马鞍山发电厂遗址等。“非人无以胜地，非文无以名地。”历代墨客骚人闻名而来者络绎不绝，登高揽胜者不可胜数，对景抒情、感怀思古，留下许多优美的诗文，有赞美唐门山景致的，有咏双塔的，有凭吊泰不华的，等等。

这里是黄岩的文化地标。理学大师朱熹四次来台州，授徒传道，点亮了台州文教的灯。朱熹于黄岩樊川书院讲学时，阅历黄邑诸胜，为黄岩山水人文所折服，留下了“黄岩秀气在江北，江北秀气在翠屏”的名句。唐门双塔缘于朱熹的《唐门山将军岩》——“将军岩上插双笔，将军岩下泉泌泌，域中状元次第出”。“贤宰当年雅好奇，不惜金钱双塔立。”建于明代的唐门双塔既是一座风水塔，又是一座文峰塔，承载着黄岩人民对文教的希冀和渴望，见证了黄岩文教的盛衰变化。

这里是爱国之地。“儒家风流古来少，神勇况慑千熊罴。”台州一代状元泰不华在此尽节，其神勇忠贞、视死如归的气节撼天地、慑鬼神。元廷追赠其为荣禄大夫、江浙行省平章政事、柱国，追封为魏国公，赐谥号“忠介”，并且在此为其立崇节祠，让其事迹流传后世。唐门山成为爱国之山，成为后世文人崇节表忠、感怀凭吊的场所。

这里是英雄之地。“杨屿青，出海精。”面对元朝的黑暗统治，方国珍横空出世，首义抗元，体现出了“台州式的硬气”。继而在唐门山下王林洋取得了王林洋海战的胜利，并相继攻占台州、温州、庆元（今宁波），从而称雄一方，开启保境安民、守望东南的历史进程。“保境三州兴水利，修文东海续兰亭。方家坫上英雄出，留待乡亲话到今。”

这里是和合之地。“唐门双塔文光萃，恰与方山双塔对。”，唐门双塔“补山水之形胜，助文风之盛兴”，体现出人与自然、人与社会的和合。当地百姓将尽节报国、为国捐躯的泰不华和抗元首义、保境安民的方国珍一起供奉在将军庙中，体现出人与人的和合。唐门山和合文化为“和合圣地”台州提供了新的典型范例和鲜活样本。

唐门山见证了黄岩沧海桑田的历史变迁，涵盖了新石器、东汉、宋、元、明、清等不同历史时期，承载着“千年永宁”的历史文化，需要人们深入挖掘和研究。

目录 Contents

第一章 “千年永宁”与唐门山文化

黄岩居东海之滨，负山面海，风景秀丽，人才超卓，物产丰茂，建县已逾1 300年；自南宋间全面崛起，素有“黄岩熟，六县足”之誉，经济、文化始终处于台州前列，被誉为海滨“小邹鲁”。南宋名相杜范赞誉家乡黄岩为“浙东壮邑，其治当舟车之会，占江山之胜，有民物之庶。方岑崇崇以镇于东，松岩嵬嵬以峙于西，澄江汩汩以经于北”。康有为也认为，黄岩“九峰环立，峭碧摩天……其地分雁宕之幽奇，其所孕产人才亦必俊拔，幽灵出其间”。

第一节 “千年永宁”概述

永宁江是黄岩的母亲河，通江达海，孕育了黄岩灿烂辉煌的文明，涵育了黄岩人大气开放、海纳百川的精神气度。巍巍黄岩山，滔滔永宁水，见证了“千年永宁”的风云变幻。

一、历史坐标

作为历史坐标的“千年永宁”，是对黄岩文明最本质的概括，强调的是黄岩悠久的历史、在历史发展过程中积累的经验教训以及对今天的资鉴作用。

考古发现，早在十万年前，黄岩就有先民在永宁江两岸栖息繁衍，称为“永宁人”“灵江人”。1955 年春，唐门山出土大型石钺一件，是新石器文化遗存。三代之时，为瓯越人，“瓯越居海中”，开始经营海洋。西汉时，黄岩属会稽郡回浦县。东汉章帝章和元年（87 年）回浦县改章安县，东汉汉顺帝永和年（138 年）析东瓯乡为永宁县，这是黄岩建县之始。三国时成为浙东门户。

唐高宗上元二年（675 年）置永宁县，武周天授元年（690 年）改为黄岩，以境内黄岩山得名，这是见于正史的正式建县，至今已有 1 300 多年的历史。南宋时期是黄岩发展的一个巅峰。宋室南迁后，黄岩经济崛起，商业发达，盛称“黄岩熟，则台州一州无饥馑之苦”，文风蔚然，有“小邹鲁”之称。到了元代，黄岩户数达到 5 万，居台州之最。元成宗元贞元年（1295 年），黄岩由县上升为州，成为台州政治、经济之首。元朝末年，黄岩发生了方国珍起义，实行“保境安民”政策，确保浙东地区免遭战火。明洪武二年（1369 年）改州复县。明成化五年（1469 年），分出黄岩县南部方岩、太平、繁昌 3 个乡置县，因境内有太平山，县以山名，称太平县（温岭）。明代嘉靖年间，台州倭患加剧，黄岩首当其冲。史称：“东南半壁，几无宁土，岁无宁日。”明朝政府实行严厉的海禁政策，规定“片板不许下海”，导致海运停顿，商贸惨遭破坏，而战乱使台州的海运大贾逐渐消失，造船基地也先后崩瘫。清朝闭关海禁，颁布迁海令，严压商船出海，黄岩沿海实际上成了闭塞不开的死港，海运贸易从此一蹶不振。清康熙二十四年（1685年），朝廷设浙江户关台州分关于葭沚，海门港才开始具备近代港埠意义。1897年，海门正式创立轮埠，“海门轮”首航宁波，不久椒申（至上海）、椒温（至温州）诸海运航线客货轮相继开通，海门港开始逐渐兴盛，被誉为“小上海”。改革开放以来，黄岩得风气之先，在全国率先出台保护和规范股份合作制文件，成为中国股份合作制企业的发祥地和中国民营经济的首发区，凭借灵活的民营机制，迅速跻身于我国沿海发达城市行列。

综观黄岩历史，可以得出这样一个结论：海洋兴则黄岩兴，海洋衰则黄岩衰。“黄岩的经济发展与对外交流、对外开放密切相关。外向型经济历史上就是黄岩经济的一个重要组成部分。”[①] 唐朝时，就有黄岩与东亚诸国（如日本、韩国等）通航的记载。五代十国时期，黄岩设有新罗坊。到南宋时，黄岩已经成为通向朝鲜、日本以及东南亚的海上重要港口。沙埠青瓷作为当时的官窑、御窑，曾鼎盛一时，通过江河出海远销日本、韩国及东南亚各地。唐宋海外交往的频繁促进了黄岩的繁荣，而明清的倭患和海禁政策则使黄岩成为死港，社会发展陷入停滞。近代黄岩的崛起也是借助台州港的开放，海洋文化的开拓性、重商性、冒险性成就了改革开放“台州模式”的形成和黄岩的跨越式发展。

二、文化坐标

作为文化坐标的“千年永宁”，代表的是黄岩丰厚的历史

① 朱幼棣．淡出九峰[M]．北京：中国友谊出版公司，2017.

积淀、重视文教的传统、儒释道三教融合、独特的橘文化，是城市发展的软实力，是形成黄岩独特性的基础。

“吾台古称荒域，僻处海滨。三代之时，人物无闻；汉晋以来，表有间见；隋唐之时，亦为贬谪之地。”唐代郑虔被贬台州后，“选民间子弟教之，大而婚姻丧祭之礼，小而升降揖逊之仪，莫不以身师之。自此民俗日淳，士风渐振”，台州文教的大门才被打开了。五代吴越国钱镠保境安民，兴修水利，黄岩成为乱世乐土，吸引了一大批中原人士，带来了先进的技术、文化，促进了黄岩经济、文化的发展。北宋时，杜垂象首中进士。南宋时，台州成为辅郡，赵宋皇室和大量中原人士来到黄岩，出现了百花齐放、百家争鸣的局面。“名人才士、勋业文章骎骎焉，与上国等。二徐（中行、庭筠父子）首得安定之学，倡道学之传，既而晦庵朱氏绍伊洛正传，驻节于兹，传道受业者几遍大江之南，而黄岩为独盛。师友渊源益濬而深、益扩而大，家诗书而人缝掖，宛然邹鲁之遗风矣！”[①]加上浙东学派、永嘉学派的影响，黄岩历史文化名人群星璀璨。黄岩史上有“十八进士共一家”之盛，产生南宋贤相杜范、江湖派诗人戴复古、文史学家陶宗仪等名士。黄岩名列“二十五史”25人、入选《中国人名大辞典》81人，形成了八大文化世家和十大文化名门。中华人民共和国成立后，更是走出了“两弹一星”元勋陈芳允、化学家黄志镗、物理学家吴全德等8名院士。位于黄岩城区的省级重点文保单位孔庙，始建于唐，是浙江省保留最完整、建筑规模最大

① 袁应祺，牟汝忠．万历黄岩县志[M]．上海：上海古籍书店，1963.

的孔庙。全国重点文保单位瑞隆感应塔、五洞桥巍然屹立，“宋服之冠”惊艳世界，翠屏山摩崖石刻清晰可见，“36 街 72 巷”总体格局依稀可辨，官河古道重焕生机。

佛教文化对黄岩也产生了极其深远的影响。南宋《嘉定赤城志》记载：“在三国东吴赤乌年间，台州地域建佛教寺院 9 所，其中黄岩境内就有广化院、演教院、广孝院、宝轮院、多福院、委羽山寺 6 所。”广化寺始建于三国东吴赤乌年间，距今已经有 1 700 多年的历史，是江浙两省最早建立的 36 所寺院之一，并被载入中华佛教名胜大全。两晋时期，台州有寺院 14 所，其中黄岩在东晋时期建有 9 所，数量居台州各县之首。“曹溪之水流瑞岩”，东晋名刹瑞岩寺是日本曹洞宗的祖庭，历史悠久、文化深厚、影响深远，是“一带一路”文化交流的重要节点。明代高僧宗泐于洪武十一年（1378 年）奉旨率僧徒 30 余人出使印度，“涉流沙，度葱岭，遍游西天，通诚佛域，往返十有四万余程。……自唐贞观以来，未之有也！”宗泐西行取得佛经，丰富了中国佛教经藏。1987 年，灵石寺出土了大批珍贵文物，很多都是国家一级文物，直接见证了黄岩悠久的历史及佛教文化的深厚底蕴。

道教在黄岩可谓是源远流长，地位显赫。“黄岩”之县名由来就与道教紧密相连。明万历《黄岩县志》载：“武周天授元年，改永宁县为黄岩县，因黄岩山而名。”而据《嘉定赤城志》载：“黄岩山在县西百二十里，一名仙石山。……按《临海记》，山上有石驿，三面壁立，指传仙人王方平居焉。”其实，早在王方平在黄岩山修道之前，就有《历世真仙通鉴》记载周代刘奉林与委羽山结缘。《列仙传》中记载汉末的王方平修道于“黄岩石”，汉武帝时的著名方士司马季主、三国东吴赤乌年间著名道家葛玄、宋代的张伯端等诸多神仙、高道均曾修道于委羽山，元代黄岩人赵与庆已开始传播全真道。黄岩有全国十大洞天中的第二大洞天委羽山大有空明洞天，全国七十二福地中，黄岩有第四福地东仙源和第五福地西仙源，足见黄岩在中国道教史上的地位。其中，天下第二洞天委羽山大有空明洞天是不可多得的“国字号”文化资源。

橘文化是“千年永宁”积淀的文化瑰宝，也是区别于其他区域文化的根本特征。蜜橘之乡黄岩（图 1–1），是学界公认的世界宽皮橘始祖地，中国柑橘品种最多的地方之一。而黄岩蜜橘筑墩栽培系统为中国重要的农业文化遗产。早在三国《临海水土异物志》里就有“鸡橘子，大如指。味甘。永宁界中有之”的记载。唐宋时，黄岩的柑橘已成为贡品，“一从温台包贡后，洞庭罗浮俱避席”，被元国史检阅林昉称为“天下果实第一”。后来随着贸易、交通日渐兴盛，黄岩蜜橘被输往全国各地，享誉海内外。“一年好景君须记，最是橙黄橘绿时”，经过了千年历史的积淀，黄岩蜜橘形成了独特的柑橘文化。从初唐至今，文人墨客、学者名家留下了无数脍炙人口的咏叹黄岩蜜橘的辞藻文章。除了宜诗入词外，柑橘也融入了黄岩老百姓的生活。老百姓把橘子视为吉祥之物，不仅把橘子的形象雕刻在生活用具、房屋建筑上，而且以橘子为题材形成了各种历史悠久的风俗和节日。这是长期生活在这片土地上的人们祖祖辈辈勤劳耕耘的结晶，浓缩了黄岩人民的坚守和勇气、勤劳和智慧、文明和创造。

图 1–1　橘乡黄岩

三、时代坐标

作为时代坐标的“千年永宁”，关注的是黄岩城市空间的变化，实现产业与城市融合，迈向湾区建设时代。

黄岩古城始筑于唐上元年间，“旧城周邑之域，九里三十步，或云四百五十步”。唐代筑起土城墙，至宋代被大水冲毁后，知县范仲温（范仲淹兄）主持重筑泥心石面墙。明洪武元年（1368 年）重筑石城。洪武二十年（1387 年），信国公汤和拆黄岩城墙石料运海门、松门筑卫城以防倭寇。嘉靖三十一年（1552 年），倭寇猖獗犯境，重筑黄岩城，周长 7 里。围城浚河，宽 2 丈 2 尺。设城门 5 座，冠以镇海、应秀、迎熏、液金、拱辰五个好听的名字。《清同治光绪年间新定县城坊巷图》展示了由永宁江、西江河、南官河、东官河等组成的护城河“36街72巷”的黄岩古城布局。当前，黄岩旧城区域以2.2平方千米的面积，承担着全区的行政、商业、文教、医疗等核心功能，已经无法满足经济社会发展的需求，跨入“永宁江时代”将是未来时期发展的战略谋局。

“城因水兴，水因城灵。”永宁江（图1–2）又称澄江，是黄岩的母亲河。在城市化进程中，城市人口快速增长对城市空间提出拓展要求，跨江发展已成为沿江城市的必然选择。从中外沿江城市的发展过程看，城市跨江发展一般分为“沿江—跨江—拥江”三个阶段。当前，黄岩作为台州主城区之一，也开启了属于黄岩的沿江和跨江的发展历程。作为台州主城区，黄岩的城市转型升级必须以“东融、南扩、西进、北优”的思路，拉大城市框架，即东部与台州市区融合，有机对接；南部重点打造委羽山和院桥板块；西部依托模具小镇、橘源小镇打造城西拓展区；北部重点打造高铁新区与江北区块，从而使永宁江成为城市内河，成为黄岩新兴活力的发展轴。

图1–2　永宁江

第二节　“千年永宁”和唐门山文化

唐门山（图 1–3）位于黄岩区北城街道，西依翠屏山，北靠马鞍山，南临永宁江，海拔 35.8 米。唐门山又名唐门屿，因山形似龟，又称龟山，其处于永宁江的水口，将军岩临江突兀，唐门双塔巍然屹立。

图 1–3　唐门山

一、唐门山见证了黄岩沧海桑田的历史变迁

大量的考古发现，黄岩在数千万年前，仍然是一片海洋。黄岩北城翠屏山山腰上，曾发现海洋贝壳的化石。在今方山的半山腰，尚存一方“晒鲞岩”。如今在山顶的吊船岩和陆地的桐屿、鼓屿、半洋张、王林洋等带“洋”“屿”“渚”等的地名，依稀透露出当年的海洋历史景观。唐门山又名乌龟屿，历史上就是一个岛屿，一直到元代，唐门山以东地区称为王林洋，还是一片滩涂。600 多年前，此地还发生了一场大规模的海战，元代状元、台州路达鲁花赤泰不华和抗元首义方国珍大战于此，泰不华兵败殉国，史称王林洋海战。后来，随着永宁江下游泥沙的沉积逐渐成陆，唐门山成为永宁江的水口，形成“丹崖形胜地，众水下唐门”的景致。

永宁江通江达海，潮水直达潮济，成为黄岩重要的交通要道。1964 年，长潭水库建成，解决了温黄平原农业灌溉、城乡居民和工业用水的需要，但导致永宁江径流减少，江道逐渐淤塞、萎缩。1998 年，集泄洪、排涝、挡潮和蓄淡灌溉等多功能于一体的大型水闸永宁江闸建成，从而使永宁江变成了一条淡水河。可以说唐门山目睹了“千年永宁”的风云变幻，见证了黄岩沧海桑田的历史变迁。

二、唐门山承载着“千年永宁”的历史文化

唐门山文化历史悠久，内涵丰富。而永宁江是黄岩的母亲河，在永宁江两岸，石斧、石锛、石犁头等一批批出土的新石器时

代的文物，印证了早期人类在此进行的农耕、渔业、畜牧活动。1955年春，唐门山出土的一件距今3 500～5 000年的大型石钺，是新石器时期的台州文化遗存。唐门山出土的东汉青瓷五联罐，在重要位置上塑造的桑叶图案，正好说明两汉时期推行奖励农桑、轻徭薄赋政策，促使台州境内农耕发展，桑林成片，养蚕、织布已非常普遍，丝绸、纺织品在民间已广为使用[①]。

宋代时，唐门山和翠屏山已成为登临揽胜之地，朱熹及其弟子多次游历唐门山，吟诗揽胜。“宋朱晦庵先生提举浙东也，每行部阅历岩邑诸胜，于此山尤注意焉。盖谓山之椒插双笔，则域中及第者出，此晦庵先生语也，见郡人柯九思所著《永宁樵话》中可考而镜云。”明代黄岩县令袁应琪“欲聚山川清淑之气，以助黄城文运之昌隆”而建造唐门双塔，从而使唐门山成为黄岩的文化地标。

元代末年，唐门山又一次成为人们关注的焦点，台州路达鲁花赤泰不华与农民起义军领袖方国珍在此进行了一场大规模的海战，结果兵败殉国，葬于唐门山下。元朝政府在此建立崇节祠予以旌表。从此，唐门山成为历代知识分子凭吊英雄的地方。清末黄岩学子在将军岩镌刻“元魏国公忠介尽节处”，并重修崇节祠和泰不华墓。1899年3月，王棻携20学子在此修禊雅集，崇节表忠。唐门修禊是一代方志学家、教育家王棻“左交许郑右程朱，要使滨海变邹鲁”教育思想的实践，是黄岩文化史上的一场文化盛事。

唐门山文化涵盖了新石器时代、东汉、宋、元、明、清等

① 王斐玲．台州民间美术 [M]. 重庆：西南师范大学出版社，2014.

不同历史时期的文化，产生了一批在国内外影响较大的历史人物，如朱熹、杜范、泰不华、方国珍、袁应琪、王棻等，是“千年永宁”的重要基础。

三、唐门山开启黄岩新时代的发展进程

目前，黄岩正以建设“一心两轴三片区”为总思路，谋划黄岩城市空间布局。“一心”即护城河内老城区，“两轴”为永宁江新兴活力发展轴和黄岩传统历史文化轴，“三片区”即江口、院桥两个市区融合片区和西部城乡融合片区。唐门山正好位于永宁江新兴活力发展轴和黄岩传统历史文化轴的交汇点上。

城市的发展一方面要扩大城市规模，增加城市容量，满足生产生活需要，实现产城融合。永宁江新兴活力发展轴西接长潭湖，东连椒江，串联了黄岩城区江北商务区、王西片区、马鞍山片区、王林洋岛、高铁新区、上渚片区等，形成“珍珠岛链”，成为新时代的新兴活力发展轴。从此，永宁江由城市的边界和门槛转型为城市的主体和纽带，沿江区域成为最具吸引力的城市增长空间。另一方面，在城市更新中，要特别关注城市文脉的延续，拓展文教空间，增加文化内涵，彰显山水特色。“文教空间作为承载城市人文教化理念的物质载体，是中国城市文化基因的重要组成部分，亦是城市人文空间格局建构的重要支撑。”[①] 黄岩传统历史文化轴包括翠屏山、唐门山、塔苑、

① 范晓鹏，王树声，李小龙，等. 文教空间：一种承载人文教化理念的规划手段[J]. 城市规划，2019，43（3）：76-77.

孔庙、五洞桥、桥上街、博物馆、文化馆、委羽山大有宫、南城贡橘园等文化点位。相关部门要通过整合优秀文化资源，赋予其更多的文化内涵，打造台州独具特色的人文景观长廊。

随着城市“北扩”进程的加快，黄岩创建完备的文教空间体系迫在眉睫。因此，唐门山文化建设对于提升江北新区城市品位、延续历史文脉具有重要意义。

第二章
唐门山历史文化遗存

唐门山“其南临江岸者为乌龟屿，有将军岩甚巨，元泰不华与方国珍战死葬于岩下，今有墓在焉。上有明万历间袁令应祺所建文笔、文星二塔矗立江边，颇饶风景”①。“唐门之山旷而幽，唐门之水清且浏”，山虽不高，但历史悠久，文化丰富。

第一节　物质文化遗存

物质文化遗产是指具有历史、艺术和科学价值的文物，包括古遗址、古墓葬、古建筑、石窟寺、石刻、壁画、近现代重要史迹及代表性建筑等不可移动文物，以及历史上各个时代的重要实物、艺术品、文献、手稿、图书资料等可移动文物。

一、古遗址

（一）古遗址：新石器文化遗址

1955年春，唐门山出土大型石钺一件，形制巨大，打磨光滑，双刃，一面是圆刃，另一面是角刃，背部做130度钝角形，有穿孔。

① 民国黄岩县志。

器高16厘米，刃阔37.5厘米，体厚1.8厘米。穿孔内径1厘米，外径2.5厘米，是一件典型的石钺（图2–1）。现存浙江省文物管理委员会。

根据现有的对良渚文化、龙山文化及湖熟文化的年代学知识（基于放射性碳素测定），这种三角形石器流行年代距今3 500～5 000年。这种石器的用途，在学术界仍然存在争论。最早释为“斧”“钺”或“犁”，后来释为“破土器”，认为是系绳曳引开沟排水的农业生产工具①。也有学者指出，此物乃供“宰割和庖厨所用”②之物。

唐门山新石器文化遗址表明：一是先民往往选择向阳面河的高地作为生产生活之所；二是人们开始从事农业生产，永宁江流域孕育了早期的农业文明。

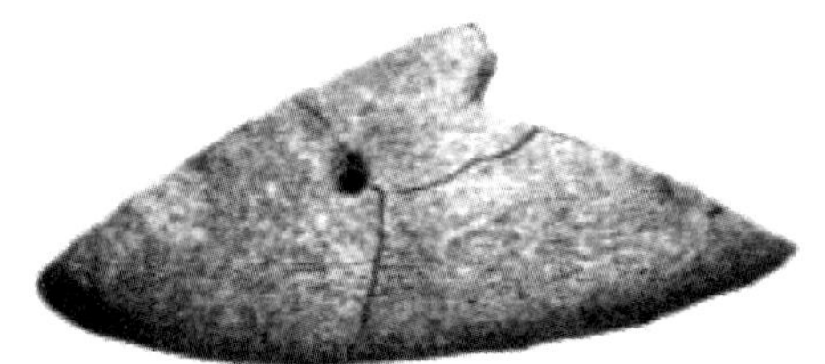

图2–1　唐门山出土的石钺

（二）古遗址：王林洋海战遗址

元末至正八年（1348年），黄岩方国珍起义。三年后，有水师千艘，以松门港为基地，劫夺海运漕粮，大败元军。为保

---

① 牟永抗，宋兆麟.江浙的石犁和破土器——试论我国犁耕的起源[J].农业考古，1981（2）：75–84.

② 纪仲庆.略论古代石器的用途和定名问题[J].南京博物院集刊，1983（6）：13.

存实力，受元廷招谕，任巡防千户武官。至正十二年（1352年），时任台州路达鲁花赤的泰不华，发兵扼守在澄江，与方国珍斡旋，并遣义士王大用前去劝降。岂知方国珍早有谋算，扣留了王大用，并以二百艘小船突入州港，直逼马鞍山。大战在即，泰不华对众部下说："吾以书生登显要，诚虑负所学。今守海隅，贼甫招徕，又复为变，君辈助我击之，其克则汝众功也，不克则我尽死以报国耳。"众人听后大受鼓舞，纷纷请战。后方国珍的部下陈仲达假意前来议降，被泰不华识破，他杀死陈仲达，与方国珍军队展开厮杀。方国珍乘海水退潮之机，泰帅船搁浅时，指挥小舸分割元水军战船猛攻，泰不华中槊死。相传泰不华虽死，但尸身屹立不倒，后被敌兵投入海中。家僮抱琴以及临海尉李辅德、千户赤盏、义士张君璧等随泰不华一同赴死殉节。

王林洋海战遗址见证了黄岩沧海桑田变化的历史，是元末台州历史上的一件大事，具有较高的历史价值。

二、石刻

（一）石刻：元魏国公忠介尽节处

石刻位于唐门山将军岩上，《万历黄岩县志》记载，将军岩在县东北五里，元泰不华墓在焉。"有岩甚巨，号曰将军。"有人认为将军岩为纪念泰不华而命名的，这是错误的。因为南宋《嘉定赤城志》就有记载："唐门山，在县北五里。中有将军岩甚巨。"[①] 南宋朱熹就写有《唐门山将军岩》一诗。

---

① 陈耆卿，徐三见．嘉定赤城志[M]．北京：中国文史出版社，2004.

石刻镌于清光绪二十四年（1898年），“元魏国公忠介尽节处”（图2-2）9字直书，高20米，每字1.3米×1.5米，左下款“丙申中秋江青书”。王林洋海战后3年，即1355年，元廷追赠泰不华为荣禄大夫、江浙行省平章知事、魏国公，赐谥号忠介。

“元魏国公忠介尽节处”九字系江青所写。江青，字素峰，号伯震，黄岩人，师从王棻，光绪二十年（1894年）优贡，历任宁波府学教授、汤溪县学教谕，光绪二十七年（1901年），为黄岩清献中学堂首任监督，著有《孝娣续录》2卷，编有《崇节录》。

图2-2　“元魏国公忠介尽节处”石刻

（二）石刻：石屏

石屏在唐门山将军岩下，石高约120厘米，长250厘米。“石屏”（图2–3）两字为楷书，左下款刻有“志泉”，无纪年。

图2–3　石刻“石屏”

三、古墓葬

（一）泰不华墓

泰不华当年殉难后，其遗体被收葬于永宁江边之唐门山下。明万历黄岩县志记载：泰不华墓，在唐门山将军岩下。“文化大革命”时被毁。2007年，重建了泰不华墓，竖有“元魏国公泰不华之墓”（图2–4）的墓碑。

图 2-4 泰不华墓

泰不华是台州历史上仅有的 3 个状元之一，也是中国历史上最年轻的状元，官至礼部尚书，为官清正廉洁，崇尚节义，最后为国尽忠。

（二）东汉古墓

1981 年，唐门山东汉古墓出土了一件东汉青瓷五联罐（图 2-5）。该瓷器器身呈葫芦形，小圆口、鼓腹、平底内凹，高 39.8 厘米、口径 6.1 厘米、底径 13.5 厘米，灰胎、质地坚致，下腹以上施青黄色釉，以下露胎，釉面润泽，流釉成斑。肩部周围粘贴着四个与主体不相通连的小口罐，全器装饰繁缛。器物腹部至口沿处堆贴人物、犬、神兽和蚕桑，层次分明，罐肩部堆贴四只飞鸟，鸟首正对四只小罐之口，飞鸟间又堆贴四只栖息小鸟。上部桑叶间堆贴向外跪立的猴子，三公一母，四只猴子微张开、姿态各异，四瓣桑叶柄下各穿一小孔，并在其两侧堆贴一双目鼓突作爬行状的蚕。该青瓷五联罐为国家一级文物，是黄岩博物馆的镇馆之宝，1990 年曾送至北京参加首届中国文物精华展。

图 2-5　青瓷五联罐

据罗永华介绍，这件文物发现的背后还有一个故事：1981年的一天雨后，黄岩北城马鞍山电厂旁边的山体出现塌方，一个罐子露出地面。一名住在附近的居民偶然经过，看到这个罐子，觉得挺特别的，就捡回去放在床下。令他没想到的是，从此以后，他每夜都会做奇怪的梦。他把罐子移到门口的一棵橘树下，但是怪梦并没有停止。邻居们听说了这件怪事后，纷纷出主意，让他把这个罐子捐给当地文化馆（博物馆的前身），他照做了。文化馆的工作人员经过鉴定，说这是一件东汉青瓷，叫五联罐。研究文物的人心里清楚，这是一件国宝级文物。作为奖励，文化馆奖给此人一张自行车票。文化馆获捐国宝级文物，居民换回一辆自行车，并远离了怪梦，也算皆大欢喜[①]。

青瓷五联罐可以说是我国现存东汉时期最早的瓷器。从形制上看，器形漂亮，雕塑精美，体现出较高的工艺水平。从刻画的内容看，证明东汉时台州就有养蚕历史，有丝绸生产。

四、古建筑

（一）唐门双塔

南宋朱熹游历唐门山时写下了《唐门山将军岩》诗，“将军岩上插双笔，将军岩下泉泌泌，域中状元次第出”。明万历年间，县令袁应祺感慨黄岩“旧以科第侈称，嘉隆而后，则阅十数祀，仅一再举，视昔先达接踵比肩也，今何寥落哉？”，

① 罗永华，黄博．近距离看镇馆之宝 [N]. 台州日报，2018-06-02（4）.

为振兴黄岩文教，于己卯年（1579年）建双塔，名曰：文笔、文星，并为之记。后圮。清乾隆庚寅年（1770年），孙总戎廷璧与知县王憕重建。清同治七年（1868年），邑绅罗德润等再次重修。1967年被毁，2016年重建。重修之双塔为修长的楼阁式砖塔，腰檐为涩叠出檐。塔高16.9米，塔身5层6面，须弥座周长10.8米。文星、文笔南北而立，相距22.8米。

唐门双塔（图2–6）缘于朱熹，建于明代，距今有五百年历史，是黄岩的文化地标。

图2–6　唐门双塔

（二）崇节祠

崇节祠是元廷为旌表泰不华的忠节而立，《元史》载：后三年，追赠荣禄大夫、江浙行省平章政事、柱国，封魏国公，谥忠介，立庙台州，赐额崇节。赤城新志：崇节庙在临海县东南六十里，元末总管达兼善与方国珍战死于此，顺帝命立祠祀之，赐今额。后毁。光绪二十四年（1898年），江伯震等一批黄岩文人向县令关钟衡提出募资重建年久圮废的崇节祠。浙江宁绍台道仪征吴引孙撰《台州重建崇节祠记》。当年，建祠五楹。“祠凡五楹， 南临澄江，北俯翠屏，西带灵溪，山顶有双塔。将军岩壁立十余丈，古松合抱， 盘盖其巅。崖下石潭澄澈如镜，祠前有方塘， 大旱不涸，凿石栏以围之。”从而使唐门山成为登临揽胜、雅集寻芳的胜地。1899年3月，王棻携20名学生在此修禊雅集，崇节表忠，并写下《唐门修禊记》。壬寅之仲春(1902年)，葭沚人黄秉义“偕郑涤洲茂才至黄，值坐小船，行至近处，视颇幽雅，即嘱暂停至庙，庙中亦有守庙之仆，烹茗小酌而回”①。

（三）将军庙

2007年，将军庙（图2–7）共三楹，主殿祭祀方国珍四兄弟，副殿祭祀泰不华。

① 黄秉义．黄秉义日记[M]．南京：凤凰出版社，2017.

图 2–7　将军庙

（四）唐门山井

唐门山濒临澄江之北岸，山形似龟，唐门山井（图 2–8）在龟尾间，又名乌龟井，系明代知县袁应祺主持所掘[①]。井水甘洌，久旱不枯。它与九峰铁米筛井、小南门外梅花井、方山下鲁神井、委羽山大有宫丹井等，均为黄岩古代名井。唐门山井还留有“龟井灵泉”的传说。

传说，江西龙虎山的张天师到黄岩道教的第二洞天大有宫去，张天师从黄土岭的山上下来的时候，看到一只乌龟金光闪闪地从前面金山的山岗上爬下，准备爬到永宁江的江边。张天

① 台州市黄岩区地方志编纂委员会办公室．黄岩风物志 [M]. 北京：中华书局，2010.

师一看，如果这乌龟一到江里，再到海门关外的话，会把黄岩很多的宝贝带走。张天师心一急，就从腰间取下一枚天师印朝着金龟一扔，金龟就定在那里不走了。后来，这金龟就变成了一座山，也就是人们现在看到的唐门山，也叫乌龟山。天师的金印扔到乌龟上，金印所扔的地方成了一口井，所以大家叫它乌龟井，也有人叫天师井。

图 2-8　唐门山井

（五）望江亭

亭，停也。河边建亭希望水流停滞，有留才聚财之意。亭上有一联：金龟下海儒杰辈出，澄水还清黄邑升腾。对联巧妙借用“乌龟落水，状元抹嘴”和“江水清，出圣人”两个典故，寄托了作者对黄岩文化教育事业发展的渴望之情。

（六）马鞍山发电厂

马鞍山发电厂（图2-9）始建于20世纪60年代，系火力发电。发电设施几经改装，达到总装机容量为7 500千瓦。马鞍山发电厂是当年一流的大型工业企业。发电供需老黄岩县（今椒江、路桥）工农业生产及民用，为黄岩的国民经济发展做出了重大贡献，具有一定的文物保护价值。2017年马鞍山发电厂作为近现代重要史迹及代表性建筑入选黄岩区第二批历史建筑保护规划，并以图则的形式划定保护范围以及建设控制地带。

图2-9　马鞍山发电厂

崇节祠、唐门双塔、摩崖石刻等组成了黄岩有名的人文景区，被称为“双宝珠”。

第二节　非物质文化遗存

唐门山不仅拥有种类齐全的物质文化遗产，非物质文化遗产也同样丰富。非物质文化遗产是指各种以非物质形态存在的与群众生活密切相关、世代相承的传统文化表现形式，包括口头传说、传统表演艺术、民俗活动、礼仪与节庆、有关自然界和宇宙的民间传统知识和实践、传统手工艺技能等以及与上述传统文化表现形式相关的文化空间。

一、传说与故事

传说寄托着劳动人民的乡土情怀，投射出人们对美好、吉祥、幸福生活的向往。

（一）龟山传说

唐门山形似乌龟，又名龟山，社会流传江西人谋风水，“乌龟落水，状元抹嘴”，所以需要建塔以镇之。当地流传着《双宝珠》的民间故事：

黄岩澄江北岸有座山叫唐门山，山上有个祠堂叫崇节祠，祠西有口大水池。相传在明朝时，池里住着一只大龟。别看这只龟粗里粗气，不懂世务，整天钻进钻出，和一班鱼虾为伍。但是，这只龟一旦出海，就会吞云吐雾，变化无穷。

有一年大旱天，池水干涸，鱼虾遭难，这龟为了躲避旱灾，就爬出了崇节祠，登上了双峰岭，想出海去。因为天气炎热，大龟爬上岭，见岭上凉风阵阵，十分舒适，就在岭上树荫下歇息片刻。谁知它一打盹，就睡个不醒。据说那时，江西有些人善观风水，颇有法术。正巧这一天，一个江西人来到崇节祠。他在祠前祠后游了一遍，东瞧西看，然后走上双峰岭，突然看到岭头伏着一只大龟，龟背光华夺目。他想：此龟非凡，一旦出海，就会给黄岩人造福万千。只见他咬牙切齿地低声骂道："谢祭酒呀谢祭酒，当年满朝文武半江西，只因你代王三天，一笔勾去我半江西，还讥笑我们是芝麻官，我岂能放过你！"这个江西人慌忙潜回祠堂，将佛前供奉的两座玲珑石塔移出来，托在手心，吹口气，变成两座十几丈高的石塔，并在塔顶上各放一颗定风珠，趁大龟熟睡之际，将两座石塔镇压在龟背上。

乌龟醒来，猛觉得心口郁闷，呼吸困难，伸首一看，只见前面站着一个人，自己背上压着两座石塔，它使劲往上顶，顶不动，只好用后脚拼命往地下扒，越扒坑越深，清清的泉水从它扒起的洞口涌上来，泉水越涌越大，汇成了一口井，这口井就叫乌龟井。乌龟被坏人暗算，命在旦夕。可是它见仇人得意忘形，死不瞑目，于是趁江西人没有防备，从口中喷出一股白花花的水气，对着江西人的面门直喷过去。江西人被卷入澄江淹死了。大龟泪流满面，朝着黄岩城点了三下头，饮恨而死。龟身就化为一座山，叫乌龟山。这两座石塔，后人不知道底细，误认为定风珠，故叫"双宝珠"。将祸珠认为宝珠，岂不谬误了？

《双宝珠》讲述的江西人谋风水的故事在台州各地都有传说，实质都是明朝时正邪两派斗争的曲折反映，因为奸臣严嵩是江西人，而与之斗争的有许多台州人，如仙居吴时来、温岭谢铎等。

事实上，台州各地都有关于状元的童谣，如仙居：“石牛上田，邑出状元”；临海：“破石湖穿出状元”；天台：“水打石鸭头，此地出公侯；水打石鸭穿，天台出状元”。这类有着浓厚地域色彩的童谣，曾在民间一直传唱到清末民初。这些童谣与“乌龟落水，状元抹嘴”一样，说明的是台州士子高中状元的困难。

高中状元是科举时代士子的人生梦想，然而“吾台古称荒域，僻处海滨，三代之时，人物无闻，汉晋以来，表有间见，隋唐之时，亦为贬谪之地”。台州由于远离中央政府，地理位置偏僻，发展较晚，文化落后，要想考中状元是非常困难的事情。台州历史上总共才出现了宋代王会龙、元代泰不华、明代秦雷鸣 3 个状元，黄岩功名最高者是 1895 年的榜眼喻长霖。明万历年间，县令袁应祺为实现黄岩人才如朱熹所说“域中状元次第出”的梦想而建唐门双塔，所以唐门双塔又称“状元塔”或“双宝珠”，这是人们的一种美好愿望。

科举取士犹如一座高耸的金字塔，塔基是数量庞大的童生，塔尖则是唯一的状元！中状元何等不易，童谣所寄寓的正是当时台州士子对科举的失望和希冀的矛盾心理，也是台州士子境况的真实写照。

（二）澄江传说

永宁江是黄岩的母亲河，源自西部黄岩山。蜿蜒东流约四五十华里，穿过黄城后折向北行五六里，经唐门、马鞍诸山，再调头东南，过王林洋，江面渐阔，然后再一步三回头地往海门而去。《万历黄岩县志》记载：“旧传，宋杜清献公生时，澄清三日，因名澄江。”

永宁江潮起潮落，江水四时黄浊。江水能清，这是天降祯祥。

“江水清，出圣人”，水清官清是历代民众的良好愿望，是古代百姓清官情结的反映。在封建皇权制度的专制统治下，“庙堂之上，朽木为官；殿陛之间，禽兽食禄。以至狼心狗肺之辈汹汹当朝，奴颜婢膝之徒纷纷秉政，由此社稷变为丘墟，苍生饱受涂炭之苦”。普通民众面对命运灾变时，在无法进行自保的境况下只好将个人的身家性命和安全福祉寄托于清官，进行他保，才有了历史上的“包青天”和“海青天”。

杜范也是中国历史上的一位清官，是古代廉洁从政的典范。杜范（1181—1244），字成之，黄岩翠屏山下杜家村人。嘉定进士，理宗朝，历军器监丞、监察御史、殿中侍御史等。嘉熙二年（1238年），知宁国府，破以张世显为首的两淮饥民起事。嘉熙四年（1240年），权吏部侍郎兼侍讲，上书抨击诏令朝更夕改，纪纲荡废而不存。淳祐二年（1242年），擢同签书枢密院事。四年（1244年），进同知枢密院事。旋拜右丞相。又陈五事：正治本、择人才、节财用等。又论十二事，切中时弊。淳祐五年（1245年）四月，杜范病逝，终年64岁。理宗辍朝减膳3日，赠少傅，谥“清献”。

历史上澄江水清的记载还有：明宣德二年（1427年）澄，赵鼎会试第一。清康熙五十四年（1715年）澄3日，道光二十九年（1849年）九月，澄50日，咸丰四年（1854年）七月二十日水澄，二十五日再澄，皆无祯祥之应，道光二十九年（1849年）水澄澈无波，游鱼毕见，夜则星火历乱，父老尤以为祥，然后讫无微验。惟科名此后较盛[①]。

① 陈钟英．光绪黄岩县志[M]．台北：成文出版社，1975.

（三）杜丞相治瘟神

传说从很早的时候起，黄岩人每逢大暑日都要“放大暑”送瘟君。大暑船上供奉着纸人纸马和猪牛羊等三牲福礼，在浮桥头下水，让它氽出海门关外，认为这样就可以消灾灭病了。但是，首事们年年向百姓筹款放大暑，年年却瘟疫盛行。穷人叫苦连天，怨声载道。

宋朝年间，马鞍山边有个小村庄，叫杜家村。村里有户穷苦家庭，夫妻俩只生一子，取名德望。德望长到十岁，就给地主家放牛。杜德望每天和一班放牛娃在一起放牛，他干活勤快，办事大胆，因此，每次做游戏时，大家都让他当“大官”。放牛娃们用箬帽当铜锣，牛鞭子当锣槌，在前鸣锣开道。德望坐在牛背上，前后左右还有“大将”保卫，威风凛凛，神气活现。

一天，德望和一班小伙伴来到双宝珠的山脚下，牛群四散着吃草。因为天热，大家都脱了衣裤跳到小河里玩水，游到将军桥旁边，德望忽然发现桥下搁着一条船，他跳到船上，只见船上有好多纸人纸马，还有猪牛羊。他想，这不是送瘟神的大暑船吗？怎么停在这里，不氽出海门关外去？怪不得黄岩瘟疫流行不绝。德望恼火了，就和小伙伴们一起，将船上的瘟神五花大绑，解押上岸，放在崇节祠内审堂问罪，审后各打八十大板，打后就关在地牢里。一连三天，天天如此。第四天晚上，瘟神们推出“王瘟大臣”到杜家村托梦德望的父亲，跪在床前哭求道：“杜老爷，救命啊救命！请杜丞相开恩，放我们出去。”德望的父亲一觉醒来，回忆梦中情景，好奇怪，心想：我是一个穷苦农民，怎么称我为杜老爷？又哪来的杜丞相呢？眼睁睁等到天亮，叫醒德望，说了昨夜梦中之事。德望听后哈哈大笑，就把几天来审问瘟神的事告诉了父亲。父亲听了将信将疑，第二天，悄悄地跟在儿子后面，想看个明白。一直跟到崇节祠，只见孩子们放好牛，都进了祠堂，从地牢里拖出大大小小的纸人纸马，让它们东倒西歪地跪在地上。德望坐在大堂，对纸人逐一问罪，问审后各打八十大板。又见德望一拍惊堂木，指着众纸人怒喝："你们听着，从今以后，不准你们在黄岩街放灾害民，滚出海门关外永不回头。如若不服，立即处死。"德望训斥完后，就叫伙伴们将纸人纸马、活猪活羊送回船内。瘟神们害怕受责，就驾着船很快地出海门关去了。从此瘟疫没有了，黄岩人也不"放大暑"了。

历史上台州有"送大暑船"的习俗。清同治年间，葭沚一带常有病疫流行，尤以大暑节前后为甚。士人以为五圣所致（相传五圣为张元伯、刘元达、赵公明、史文业、钟仕贵五位，均系凶神），于是在葭沚江边建有五圣庙，乡人有病向五圣祈祷，许以心愿，祈求驱病消灾，事后以猪羊等供奉还愿。葭沚地处椒江口附近，沿江渔民居多，为保一方平安，遂决定在大暑节集体供奉五圣，并用渔船将供品沿江送至椒江口外，为五圣享用，以表虔诚之心。

杜范是南宋第一贤相，是黄岩的骄傲。这个民间故事将民间习俗附会到杜范身上，一方面强调他年轻时聪明伶俐，年少志高，敢作敢为；另一方面更是对他日后清廉、正直、忠君爱国等品质的颂扬。崇节祠供奉元代为国尽忠的泰不华，传承的是崇尚节义、忠贞爱国的理想和信念，崇节祠里审瘟神正好符合这一思想。然而，这毕竟是传说，杜范是南宋人，崇节祠建于元代，两者风马牛不相及。

二、古谣谚

古谣谚是百姓、郡民、时人以及各种劳动者的作品，直接与历史人物或历史事件有关，或是赞美颂扬，或是讽刺揭露，多为预言或直接揭示某些朝代的兴亡、历史人物的成败，以及社会战乱、自然灾变的前兆或验证等。

（一）滴水湾父老为泰公诗

此诗目前存有两个版本，一是清代冯赓雪的《滴水湾诗》引言部分“当时父老歌云”：黄山环，滴水湾，泰公讨贼当其间，东接洪洋西草营，贼旗摇曳愁人颜，公去讨贼何日还？另一版本为王棻的《台学统》：黄山环，滴水湾，碧水环，马鞍山，泰公讨贼当其间，东接洪洋西草营，贼旗摇曳愁人颜，公去讨贼何日还？

滴水湾在县北一十里，自马鞍山滴水成，甘洁可爱[①]。元至正十二年（1352 年），方国珍与泰不华激战于黄岩滴水湾（史载为黄岩澄江王林洋），泰不华兵败被杀。泰不华为元代状元，在镇压方国珍起义中为国尽节，赢得朝廷的嘉奖、文人的哀悼和百姓的颂扬。当时参与政府军的当地人有的死于战争，有的死于方国珍的报复，如光绪二年重修池氏宗谱的《谱序》记载：“时又遭方国珍军，民涂戮，此际不几，几于弦断莫续乎？”黄岩澄江东江岸《何氏宗谱》记载其先祖高冈是泰不华同窗好友，曾为泰不华出谋划策，遭方国珍报复，“俄而兵至，遂火其居，至方氏归附后始得复归”。“洋山青青海精出。海精入海成鲸鲵，

① 陈耆卿．嘉定赤城志 [M]. 上海：上海古籍出版社，2016.

海澳从此多白骨。”由此可见，方国珍起事后，当地老百姓受到了一定程度的伤害。

元朝末年，海内刀兵并起，盗贼并起，社会混乱，国家需要忠臣，百姓需要社会稳定。《滴水湾父老为泰公诗》所歌颂的泰不华，明知“天下事已不可为，公终不以不可为而不为，卒以身殉”，是元末时的一位忠臣，一位为国死节的忠义之臣。

（二）洋屿青，出海精

洋屿就是洋屿山，“海精”指方国珍。“黄岩县南行四十里，为洋屿山，山特立海滨。”洋屿山很小，东西最宽 500 米，东北到西南 600 米。古时为海中岛屿，元代时此处已淤涨为海涂。山上长年不长草木，但在方国珍出生那年，青草遍生。《太平志》：“洋屿者，近海童山也。仁宗延祐六年，忽草木郁然，是岁，国珍生，里中有‘洋屿青，出海精’之谣。”该谣应是方国珍集团预先散布，用以预示造反合乎天意，达到人心归顺、疾速响应的目的。

“洋屿青，出海精”的民谣似乎是无稽之谈，其实背后正有方国珍起事的缘由。元末，天灾人祸，民不聊生。台州多次发生灾荒，元贞二年（1296 年）和至正十四年（1354 年）的两次灾荒都严重到“人相食”的地步。至正四年秋七月，台州又发生了海啸，大风吹海角上平陆二三十里。而浙江的赋税竟占全国的十分之七。元末浙江诗人王冕《江南民》描写的正是包括台州在内的江南惨状：“江南民，诚可怜，疫疠更兼烽火燃。军旅屯驻数百万，米粟斗直三十千。去年奔走不种田，今年选丁差戍边。老羸饥饿转沟壑，贫富徭役穷熬煎。”南宋时台州户籍曾达 26.6 万户，至元朝降至 20 万户，可见台州社会经济所遭残害之深，正是在这样的背景下方国珍才揭竿而起。

三、诗词

诗词是阐述心灵的文学艺术，诗人可以用凝练的语言、绵密的章法、充沛的情感以及丰富的意象来高度集中地表现社会生活和人类精神世界。

（一）咏双塔

丹崖形胜地，众水下唐门。双塔悬岩立，先贤旧迹存。
废兴关气运，代谢阅晨昏。不但夸文笔，欣看生聚繁。

王憕，乾隆时黄岩知县。乾隆三十五年（1770 年），黄岩镇总兵孙廷璧和知县王憕“取法前令袁侯为斯邑科名计”重修双塔。费时两个多月竣工，塔为五层，高 5.3 丈，周广 5.1 丈。塔建成后，王憕赋此诗以记之。

唐门双塔告成记事

清·赵梦元

古塔郁峣嵬，双撑矗碧霄。翠浮鳌极涌，烟带蜃楼飘。
倒影惊鳞甲，横江销汐潮。域中知有兆，重整厥功饶。

唐门双塔文光萃，恰与方山双塔对。
一湾流水绕岩流，千尺翠屏遥送翠。
将军岩上插双笔，此语传从晦翁出。

贤宰当年雅好奇，不惜金钱双塔立。
谁知世事有变迁，一朝沧海成桑田。
文星匿采胜迹圮，后贤怀古空茫然。
岷山仙客苍溪主，地灵人杰言非浮。
经文纬武英才显，何须投笔方封侯。
民瘼关情百废举，重见唐门宝塔辉。
当途喜有同心侣，从此光华烛斗牛。

刘文蔚（1700—1776），字豹君，号楠亭，浙江山阴（今绍兴）人，乾隆优贡。著有《石帆山房集》。

（二）描写唐门山景致

路口夜泊

解缆双峰下，停挠数里程。渔灯摇夜色，风荻助潮声。
待月空江冷，推篷宿鹭惊。更深眠未得，塔火对船明。

邬应溥，清代黄岩廪生。

春夜舟行赴黄岩

轻航背郭发春宵，半逐归潮半上潮。
出浦始知风势逆，鸣篷更挟雨声骄。
三江一水稽行久，百里双云入望遥。
瞑到唐门谁掌讶，老愁仍藉酒杯浇。

蒋履（1746—1818），字礼山，临海人。清乾隆年间举人，曾任萃华书院山长。著有《霞堂诗抄》10卷。

（三）凭吊泰不华

滴水岩吊元泰忠介公

偏师独障浙东西，忠勇功高河岳齐。
死后空闻吓杜宇，生前悔不扫鲸鲵。
三江渡口孤舟系，百战城头片月低。
父老至今辉俎豆，精灵终古镇苍溪。

冯毓俊，清临海诸生。

滴水湾

泰公豪杰士，讨贼死空山。血战洪洋渚，魂归滴水湾。
睢阳残垒没，岘首断碑间。祠墓今何在，荒凉泪欲潸。

冯赓雪（1720—1782），字缵修，临海涌泉人，旅行家，清乾隆时贡生，著有《台南洞林志》。

吊达普化元帅

江头沙碛正交舟，江上人怀百战忧。
力屈杲卿又骂贼，死先诸葛未封侯。
波涛汹汹鲸横海，天地寥寥鹤怨秋。
若使临危图苟免，读书端为丈夫羞。

范秋蟾，黄岩南塘人，今属温岭，元代著名女诗人。

唐门修禊诗

唐门山枕澄江涘，泰公孤坟在其趾。
江郎走告关尹喜，下筑新祠映江水。
已亥暮春修禊祀，翩翩翔集二十士。
崇节表忠恭桑梓，千秋万岁长如此。
我是巴人哥下里，欲以未曲引流征。
虽无丝竹悦里耳，一觞一咏情何已。
越中胜迹难偻指，当以天地相终始。

王棻（1828—1899），字子庄，号耘轩，城东柔桥村人。1862年为优贡生，同治六年中举人，教育家，方志学家。

唐门行——同赵襄云、孙范堂作

孙赵两生皆好事，邀我同作唐门行。唐门之行为谁作，怀贤梓里心怦怦。白野山人起元代，射策丁年冠廷对。入为言官直声彰，出任民牧仁膏沛。独怜国运构阳九，忠诚空抱尊亲戴。竭来殉节仍故乡，埋玉此间五百年。唐门之山旷而幽，唐门之水清且浏。生不能若东坡学士赤壁游，洞箫呜呜吹清秋。又不能若士雅渡江手击楫，誓言胡羯复神州。登高望远心凄绝，洋山青青海精出。海精入海成鲸鲵，海澳从此多白骨。山人奉诏屡督师，能文能武世莫窥。儒将风流古来少，神勇况慑千熊罴。已焚火筏落奸胆，畏威就抚夫何疑。讵料渝盟同结赞，国士仍受贼民欺。夺槊猛气干星纪，阴云缭绕蚩尤旗。奎光忽迸碎，欃枪掩其辉，散落山水窟，化作青磷飞。抱琴偕赤盏，誓死甘追随，同仇张与李，捐躯亦不辞，到今忠魂毅魄应相依。荒冢年年啼子规，子规啼彻行人耳，杖触往事犹涕欷。我闻元季廷议罢科举，巴延凶悍慑当宁，救正虽有许有壬，过桥圻桥亦何取。未几石人谶起举朝愁，一局残棋委莫收，成仁取义上法文信国，乃在江州台州两状头。当世始识科名重，科名重在兼忠勇，惜哉表章古无闻。两生怀古吟肩耸，感我老大聆清歌，婆娑起舞神为和。以人传地地增色，诗传人地更如何。行见英风健笔共不磨，直与江头双塔争嵯峨。

牟濬，字时文，号柏峰，茅畲人，嘉庆举人，著有《耕读堂诗抄》四卷。

四、碑记

（一）台州重建崇节祠记

《台州重建崇节祠记》碑（图 2–10），清光绪二十四年（1898 年）立，位于唐门山崇节祠。该碑高 195 厘米，宽 83 厘米，钦加二品顶戴的浙江宁绍台道仪征吴引孙撰文，黄岩县林骏书丹，江青篆额。《台州重建崇节祠记》高度评价泰不华：“公故以进士第一人及第，文章门阀之盛，一时无比，又能完节”，说明了崇节祠重建的情况以及周围胜景，阐述了“忠义治世”的观点：“夫人臣能忠于所事，则朝廷尊，朝廷尊则天下治，天下治则百姓安，所以圣人设教必褒忠而重节以风世也。”点明了重建崇节祠的意义所在。

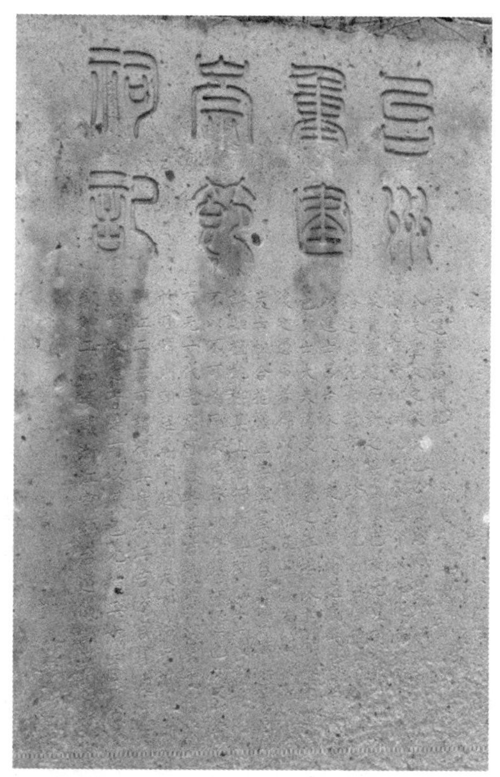

图 2-10　《台州重建崇节祠记》碑

（二）唐门双塔记

唐门双塔屡建屡毁，但文风塔的定位从未改变，历史上留下了三篇《唐门双塔记》。

明万历七年（1579 年），黄岩县令袁应祺主持修建唐门双塔，建成后亲撰《唐门双塔记》，记述了建塔缘由、唐门山特殊的位置、双塔的名字等，并记下了当年省试黄岩 3 人中榜的盛况，“是秋诸弟子应制科，省试大比获隽者三：刘生梦龄、项生汝廉、王生文雷，翩翩遝举，一时并盛，邑士大夫偕来贺”，暗合了“文笔”“文星”双塔含义。

可惜的是文中提到的《永宁樵话》一书的作者被误认为柯九思，“盖谓山之椒插双笔，则域中及第者出，此晦庵先生语也，见郡人柯九思所著《永宁樵话》中可考而镜云”。而实际上该书的作者是黄岩的柯昌。柯昌，字廷言，号确庵，通经笃学，领明成化丁酉（1477 年）乡荐，授阳江知县，身先礼教，爱民勤政，当时名人贤达陈献章、湛若水等均以“循良”称之，谓“生而民爱戴之，死而民殂豆之”，著有《确庵稿》《永宁樵话》。《永宁樵话》记叙了黄岩历代故事。而柯九思（1290—1343），字敬仲，号丹丘、丹丘生、五云阁吏，台州仙居（今浙江仙居县）人，元代著名书画家。大德元年（1297 年），随父迁居钱塘（今杭州），曾任翰林国史检阅、江浙儒学提举，晚年退居吴下，流寓松江（今属上海市）。至正三年（1343 年）十月，柯九思卒于苏州，年仅五十四岁。综观柯九思一生，与黄岩无任何交集。

乾隆年间黄岩知县王憕“将取法前令袁侯为斯邑科名计”重建唐门双塔，并撰《重建唐门双塔记》，指出“唐门之筑双塔也，扼邑之门户而为之锁钥也”，阐述了《易经》“裁成天地之道，辅相天地之宜，以左右民”的思想。建塔后，王憕赋诗以记之：“废兴关气运，代谢阅晨昏。不但夸文笔，欣看生聚繁。”

2016 年，在乡贤朱智勇的资助下重建唐门双塔，章显林撰《重建唐门山双塔记》（图 2-11），回顾了唐门双塔的历史、唐门双塔与黄岩文教的发展，期望“宝珠重辉，文教传承绵绵不绝，邹鲁遗风永永无极”！

图 2-11　《重建唐门山双塔记》碑

第三节　唐门山历史文化遗产特征和价值

唐门山历史文化遗产是在漫长的历史进程中形成的，是对区域文化、社会发展、人文精神产生重要影响的文化遗存，是人类智慧的结晶和历史进步的标志，且有着鲜明特征和独特价值。

一、特征

（一）内容丰富、种类齐全

悠久的历史遗留给了唐门山众多内容丰富、种类齐全的历史文化遗产。这些物质文化遗产涵盖了古遗址、古墓葬、古建筑、石窟寺及石刻、近现代重要史迹及代表性建筑五个类别，且每个类别中都有积淀深厚、影响较大的代表性遗产，如唐门双塔、王林洋海战遗址、摩崖石刻、泰不华墓、将军庙、马鞍山发电厂遗址等（表 2-1）。

表 2-1　唐门山历史文化遗产分类表

类　别	典型实例	特　点
古遗址	新石器文化遗址	1955 年春，唐门山出土大型石钺一件，形制巨大，打磨光滑，双刃，距今 3 500～5 000 年。这种石器的用途，学术界仍然存在争论
	王林洋海战遗址	600 多年前（1352 年），此地还发生了一场大规模的海战，元代状元、台州路达鲁花赤泰不华和抗元首义方国珍大战于此，泰不华兵败殉国，史称王林洋海战
古墓葬	东汉古墓	1981 年，唐门山东汉古墓出土了一件东汉青瓷五联罐。此罐为国家一级文物，是黄岩博物馆的镇馆之宝
	泰不华墓	泰不华是台州历史上三个状元之一，曾任元礼部尚书、台州路达鲁花赤等职务
古建筑	唐门双塔	始建于明代（1579 年），2016 年重建
	唐门山井	明代知县袁应祺主持所掘。井水甘冽，久旱不枯，为古代黄岩名井

续　表

类　别	典型实例	特　点
古窟寺	将军庙	2007 年建，共三楹，主殿祭祀方国珍四兄弟，副殿祭祀泰不华
	崇节祠	建于 1355 年，1898 年重建，文化大革命时被毁
石窟寺及石刻	元魏国公忠介尽节处	镌于清光绪二十四年（1898 年）
	石屏	不详
近现代重要史迹及代表性建筑	马鞍山发电厂	始建于 20 世纪 60 年代，2017 年作为近现代重要史迹及代表性建筑入选黄岩区第二批历史建筑保护规划

非物质文化遗产有民间文学、民俗等，它们通过手口相传的方式得以延续至今，可谓当今社会的“活化石”。唐门山现存的内涵丰富、积淀深厚、种类齐全的历史文化遗产就是“千年永宁”悠久历史文化的见证，是彰显古城魅力和特色风貌的重要载体，是不可再生的宝贵财富。

（二）积淀深厚、源远流长

唐门山文化内涵丰富，源远流长，时间跨度长，涵盖了新石器时代、东汉、宋、元、明、清直至近现代等不同历史时期的文化。名人灿烂，产生了一批在国内外影响较大的历史人物，如朱熹、杜范、袁应祺、泰不华、方国珍、江伯震、王棻等。文化内涵丰富，涵盖史前文化、瓷器文化、儒学文化、军事文化、宗教文化等，是黄岩不可多得的文化地标，如出土的新石器石斧反映了 5 000 多年前的文化特征，具有极高的考古和历史研究价值；国宝东汉青瓷五联罐，说明从早期青瓷发展到现代青瓷，标志着中国瓷器的开始；瓷器上出现的“蚕”的形象反映了两汉时台州纺织业的发展水平；朱熹多次游览唐门山，并写下“将军岩上插双笔，将军岩下泉泌泌，域中状元次第出”的诗句，提出修建唐门双塔的设想；“江水清，出圣人”，杜范一出生就被寄予厚望；元代台州状元泰不华与“海精”方国珍在此上演了一场波澜壮阔的海战；明代黄岩县令袁应琪“欲聚山川清淑之气，以助黄城文运之昌隆”而建造唐门双塔；清末黄岩学子在将军岩镌刻“元魏国公忠介尽节处”，并重修崇节祠和泰不华墓；唐门修禊更是一代方志学家、教育家王棻“左交许郑右程朱，要使滨海变邹鲁”教育思想的最后实践，是黄岩文化史上的一场文化盛事。

（三）因权兴废、与时俱进

任何人文景观都是特定历史条件的产物，是时代的文化符号。一处景观常常记录着一段历史、一个故事，象征和代表着一种意义和价值。综观唐门山各历史时期的文化景观变迁过程，发现政治因素在文化景观兴废的变迁过程中起着至关重要的作用。作为黄岩的文化地标，唐门双塔的建毁就与明代的海禁政策和清代文字狱密切相关。在中国传统社会有着“事死如事生”的观念，对人去世后的安排尽量周到，墓葬遗存体现了当时的社会文化和信仰观念。崇节祠、泰不华墓的命运也与元朝的灭亡、清末的危机等紧紧连在一起。同时，景观的历史人文价值是发展变化的，崇祀忠节也在不同的历史时期被赋予不同的时代内涵。同样，人们对方国珍的评价也随着立场和时代的变化而有所不同。

二、价值

历史文化遗产是岁月的积淀，映射着人类传承与发展的信息，是人类文化多样性的有力见证。历史文化遗产的价值是指遗产的属性、性能能否满足人类需要以及满足的程度。遗产的价值是人类在劳动实践中创造的，是客观的遗产本身所固有的，需要通过科学研究去认识。历史文化遗产保留了当初“活化”的原始信息并记录了不同时代历史活动的信息，即它的物化功能，比较真实地保留了当初时代背景下的原貌信息，见证了人类历史活动的过程。历史文化遗产的价值包括历史文化价值、科学教育价值、艺术价值、社会经济价值、生态价值和精神价值。

（一）历史文化价值

近年来，联合国教科文组织不断强化对文化遗产价值的认知，认为“文化遗产在让人们了解自己是谁、来自何方以及生活的意义等方面扮演着越来越重要的角色”。历史文化是一种特殊的、不可再生的、无法复制的人类社会资源，具有传承性、多元性、创造性、融合性，它从不同层面影响物质形态的不同方面和类型。文化遗产作为过去的一个重要事件或者某个重要人物密切相关的物证或线索，能够告诉后人人类的历史，极具重要的史料价值①，如新石器遗址见证了永宁江流域早期人类的活动，与浙江余姚河姆渡文化、仙居下汤文化等一起开启了浙东文明的大门。被称为“瓷母”的东汉青瓷五联罐说明至少到东汉晚期，青瓷已经创烧出来，使沿用上千年的原始瓷一变而

① 宋俊华．关于非物质文化遗产数字化保护的几点思考［J］. 文化遗产，2015（2）：1-8.

达到了与现代瓷相去无几的高度[①]，反映了当时黄岩的工艺水平。王林洋海战遗址反映了元朝末年方国珍起义的一段历史，反映了一代状元泰不华尽忠报国的英雄事迹，反映了当时台州的政治、经济、文化等情况，也见证了王林洋海域海陆变迁、沧海桑田的历史，是人们研究元代蒙汉文化交融、台州经济文化的原始信息，具有重要的历史价值。“乌龟落水，状元抹嘴”的传说所寄寓的正是当时台州士子对科举失望和希冀的矛盾心理，也是台州士子境况的真实写照。唐门双塔的建造与修复反映了一代又一代的地方官为振兴当地文化教育的努力与期盼。这些文化遗产传递给人们的是久远的历史文化信息，承载的是积淀在它身上的历史文化价值。

（二）科学教育价值

物质文化遗产展现了它们所处时代的科学技术发展水平，保存并记录了当时的科学发展情况，作为最有力的一手资料，形象具体地反映了科学技术发展过程中的重要环节。如唐门双塔的建造源于古代的风水理论，将水口塔和文峰塔合二为一，成为黄岩古城的一道景观，同时起到航标的作用。这种讲求人与自然和谐相处的生存智慧，凝聚了古代人民的智慧和传统文化的精华，至今仍然具有启发作用和借鉴价值。黄岩地域文化最重要的代表人物王棻，他的思想影响了近代整个黄岩文化，特别是以“左交许郑右程朱，要使滨海变邹鲁”的教育宗旨和“发明学术、表彰先贤、启迪后进”的人生志向，是中国文化史上的标杆，完全可以作为重要的教育资源。唐门山文化所蕴含的“台

① 阮荣春，张同标，刘慧，等．美术考古一万年[M]．上海：上海大学出版社，2009.

州式硬气”、爱国主义、清廉文化、乡愁情结等都是我国传统文化重要的组成部分，对当今的社会公众具有重要的科学教育价值。优秀的地域文化是精神的明灯，通过了解历史文化遗产所蕴藏的文化内涵，民众可以学习传统文化和美德，领悟到深刻的内涵，提高科学文化素质。

（三）艺术价值

历史文化遗产是古代人民智慧与汗水的结晶，许多技艺都是现今所不可比拟的，具有极高的审美艺术价值。物质文化遗产主要包括民居、寺庙、宗祠、码头、商业街遗址和附属在文物古迹中的字迹图案等装饰艺术品，它承载了那个年代的思想品位和艺术追求[①]，如国宝东汉青瓷五联罐的装饰工艺美术具有釉汁纯净、青色淡雅的特点，说明了汉末陶艺装饰审美观的转变，是绚烂至极归于平淡素净，是人们在社会和意识形态信仰领域动荡变革后，复归自然的心灵渴望[②]。“元魏国公忠介尽节处”九字摩崖石刻，是台州现存较大的石刻。石刻字体端庄雄浑，笔力深厚，是不可多得的书法作品，具有极高的审美艺术价值。非物质文化遗产有传说、谚谣、诗词等艺术表现形式，它们更加直接地展现了独特的地方性艺术热点，从侧面展现了人们的思想情感和生活方式，寄托着当地人们的某种信仰和精神寄托，如澄江水清传说反映了古代百姓对清官廉政的渴望；各类凭吊泰不华的诗词、民谣，揭示了社会对忠臣的肯定和颂扬。

① 王文洪．舟山群岛文化地图 [M]. 北京：海洋出版社，2009.

② 阮荣春，张同标，刘慧，等．美术考古一万年 [M]. 上海：上海大学出版社，2009.

（四）旅游开发价值

文化是旅游的魂，是旅游业的依托。实践证明，文化遗产保护得越好，其利用价值也就越大，旅游业和其他相关产业才会得到进一步发展。一旦传统文化因过度开发或保护不力而丧失殆尽，旅游业的发展便成了无源之水、无本之木。自然资源、人文资源、历史文化遗存的唯一性和不可再生性，是显性或潜在的特色旅游资源。在做好保护的同时，加强适当的开发利用，吸引更多的游客前来旅游，可以带动当地经济的发展，使其经济价值得到充分的展示。唐门山历史上就是一个登临揽胜的地方，是朱熹揽胜吟诗地、王林洋海战遗址地、一代状元尽节地、王棻雅集修禊地等。其中，唐门双塔、崇节祠、摩崖石刻、民间传说故事等都是重要的旅游资源，可丰富游览内容，满足游客的精神文化需求，延长游客逗留时间，提升旅游产品档次。唐门山历史文化深厚，自然景观独特，是打造城市公园的最佳场所。

（五）精神价值

历史文化遗产作为一个时代的产物，其兴建、存在和发扬光大，往往寄托着当地人们的某种信仰和精神寄托。历史文化遗产的利用必须服从和服务于社会主义精神文明建设的需要，在历史文化遗产的保护展览和渊源讲解过程中，要坚持弘扬爱国主义、社会主义核心价值观和艰苦朴素的革命优良作风，发挥历史文化的教育作用，将悠久的历史和灿烂的文化传承下去。如崇节祠供奉正气凛然的泰不华像是在教育后世崇尚节义、尽忠报国的道理，“祠者，思也。思必有所寄，思之思之，神将通之，遂葺之祠”，这对当前的爱国主义教育有重要的教育启示价值。宗教寺庙作为人们心灵寄托、文化信仰之地，“教虽不同，同归于善”，具有劝人“改过迁善，闲邪存诚”的功用，对于改良地方风俗亦大有裨益。唐门山文化有敢为人先、敢于担当的“台州式硬气”，可以培养市民“敢为天下先”的创新精神和“以天下为己任”的担当精神。唐门山文化充分体现了人与自然、人与社会、人与人的和合，是台州和合文化的样本。民众通过深入了解地域文化，在建立自尊、自信、自豪感的同时，也可以建立一种反思的理性。人们通过将地域文化与中华传统文化、西方文化、现代文化进行多维度的对比，从而认识到地域文化的优点和不足之处，实现对地域文化的“扬弃”。

第三章
唐门山文化史话

南宋陈耆卿曾说："县直北山，爽气浮动，花柳之丽，雪月之胜，无不在江北。"[①]黄岩江北一地，山水秀丽，人文蔚然，宋明之际，名人辈出，影响全国，可谓黄岩之首。这里吸引了大量的文人墨客前来登临揽胜，赋诗作文。明代黄岩县令袁应祺修建唐门双塔，唐门山成为黄岩文化地标。元末泰不华为国尽节，立祠墓于唐门山下。清末民族危机加深，黄岩重修崇节祠，并刻"元魏国公忠介尽节处"于将军岩上，唐门山成为人们感怀历史风云、凭吊英雄人物的地方。"以人传地地增色，诗传人地更如何"，唐门山就是黄岩文化的一颗明珠。

第一节　朱熹揽胜吟诗地

朱熹（1130—1200），字元晦，号晦庵，徽州婺源（今属江西）人。宋代著名理学家、哲学家、教育家，一生精研经、史、文、哲之学，热心教育，授徒讲学不倦，在儒学史上的地位仅次于孔子和孟子，后世尊称朱子。

---

① 陈耆卿．嘉定赤城志 [M]. 徐三见，点校．北京：中国文史出版社，2004.

一、朱熹和台州

朱熹和台州渊源很深，他曾四次到台州。

宋高宗绍兴二十一年（1151 年），21 岁的朱熹奉母命专程到黄岩灵石寺，拜访隐居在此的太常少卿谢伋，留下了《题谢少卿药园二首》：

谢公种药地，窈窕青山阿。青山固不群，花药亦婆娑。一掇召冲气，三掇散沈疴。先生澹无事，端居味天和。老木百年姿，对立方嵯峨。持此供日夕，不乐复如何！

小儒忝师训，迷谬失其方。一为狂瘖病，望道空茫茫。颇闻东山园，芝术缘高冈。瘖聋百不治，效在一探囊。再拜药园翁，何以起膏肓？

台州的山水、人文给朱熹留下了深刻的印象，从此他与台州结下了不解之缘。

南宋淳熙元年（1174 年），朱熹任礼部宣教郎，主管台州崇道观。1183 年，丞相王淮、吏部尚书郑丙、监察御史陈贾等攻击道学虚伪，尤袤为道学辩护失败，孝宗同意禁道学，政治失意的朱熹又一次乞求奉祠，前后提举崇道观六七年。主管台州崇道观是的祠禄官，这是宋代特有的官职，宋真宗时开始设立，初衷是为了“佚老优贤”，为高官专享的福利政策。祠禄官一般以三十月为一任，一般两任。祠禄官是一种闲官，可以在家闲居，俸禄相对低微，但能远离政治，可以潜心著述。佛道双栖的天台山，是朱熹一个重要的人生驿站，佛教禅宗、天台宗与道教南宗的思想，对朱熹理学思想的深化产生了重大影响。

淳熙八年（1181 年）夏秋之间，浙东一带水灾不断，造成严重的饥荒。同年八月，由宰相王淮荐举，朱熹受命提举两浙东路常平茶盐公事，负责浙东地区的赈灾事宜。到台州后，朱熹一面上书朝廷，筹备赈灾的钱粮，一面微服私访，了解民情，推行荒政。他奏免台州丁绢，兴建黄岩六闸。虽然朱熹在浙东仅仅待了一年时间，但其赈济灾民、弹劾贪官所取得的成果是很大的。宋孝宗为奖赏朱熹救荒赈济之功，特授予其"徽猷阁待制"的荣誉职衔。

由于提举两浙东路常平茶盐公事是朝廷委派的，时间短任务重，加上期间还与台州知府唐仲友发生了一场笔墨官司，朱熹在台州讲学、游历、著述等活动主要是在两次主管台州崇道观期间。

朱熹提举崇道观时游历台州各县山水，足迹遍及台州各地，每到一地受当地文士所请开学授课，阐讲理学。他专程拜访了隐居在仙居官路画湄潭的吴芾，并通过吴芾安排"邀于湖上，延生与饮"，认识了方斫。朱熹对桐江书院的办学非常认可，先后手书了"桐江书院"和"鼎山堂"两匾相赠。他还送自己的儿子到桐江书院学习。据清光绪年间《板桥方氏宗谱》记载，朱熹还写下了一首题为《送子入板桥桐江书院勉学诗》。桐江书院不仅经常邀请朱熹前来讲学，还承袭了朱熹为湖南岳麓书院制定的《朱子书院教条》为该院学规。

淳熙元年（1174 年），由石塾介绍，受到黄岩江北翠屏山下杜曲樊川书院山长杜煜、杜知仁的邀请，朱熹到书院讲学。明《赤城新志》记载，樊川书院为晦庵先生与南湖、方山二杜公讲学之地。师从朱熹的有赵师渊、赵师夏、赵师雍、赵师共、林鼐、林鼒、杜煜、杜知仁、杜贯道、池从周等。樊川书院因此成为南宋三大书院之一，“堪与新安、考亭鼎列为三，以宇内鼎峙之书院”。朱熹还与赵师渊合作编写了突出儒家纲常、汇集儒家学说精华的巨著《通鉴纲目》，并创造了一种新的史学体裁——纲目体。

二、朱熹和唐门山

正是在黄岩樊川书院讲学期间，朱熹曾阅历黄邑诸胜，为黄岩山水人文所折服，留下了许多诗篇。讲学翠屏山时，留下了“黄岩秀气在江北，江北秀气在翠屏”的名句。造访天下第二洞天委羽山，作《委羽山怀古》：“山藏方石烂，门掩薜萝深。道像千年在，衣冠照古心。”两次游历瑞岩山并写下了“踏破千林黄叶堆，林间台殿郁崔嵬”的诗句。然而，在黄岩诸多山水中，朱熹对唐门山尤其关注，多次带领学生前来游历。唐门山位于永宁江边，将军岩突兀嶙峋，临江而立，惊涛拍岸，是登临揽胜的好地方。袁应祺《唐门山双塔记》记载：“邑有唐门山，距城可五里，东亘海门，西控岩溪，二水环绕如两翼。然而山峙其中，当城之左臂，堪舆家所谓‘水口捍门’也。山之西有将军岩，岩下有泉清洌，岁大旱不涸。”在将军岩前，朱熹仔细察看唐门山的来龙去脉，写下了《唐门山将军岩》诗：“将军岩上插双笔，将军岩下泉泌泌，域中状元次第出。”[①] 明代黄岩人柯昌在《永宁樵话》中也记下了这件事，“盖谓山之椒插双笔，则域中及第者出，此晦庵先生语也”。

---

① 朱熹.朱熹集[M].郭齐，尹波，点校.成都：四川教育出版社，1996.

朱熹写此诗缘于他作为堪舆学家和教育家的双重身份。作为堪舆学家，朱熹看到唐门山处于永宁江水口这一位置，“水口无厄塞，邑城无艮峰，亦地之所不足者也”，需要通过人力进行补裨，提醒后人在此建塔。作为教育学家，朱熹对自己教育和理学传播充满自信，相信通过自己的教育，黄岩的人才如将军岩下的泉水一般喷涌而出。朱熹对台州文化教育的贡献主要体现在以下方面。

（一）培养人才

如果说郑虔打开了台州文教的大门，那么朱熹就是点亮了台州文教的灯。朱熹到达台州后，多次在黄岩樊川书院、仙居桐江书院、临海溪山第一书院、温岭东屿书院等讲学，天台潘时举，仙居吴梅卿，临海林恪，黄岩赵师渊、赵师夏、杜知仁、杜贯道等台州理学的先驱，都是朱熹的学生。朱子在台州的门人共有 18 人，其中黄岩 13 人，仙居 2 人，临海 2 人，天台 1 人[①]。“从师朱熹受业者，几遍大江之南，而黄岩为独盛”。《朱文公祠记》记载：“乡先贤亲出其门，至今有邹鲁之遗风。”加上宋室南渡，浙东永嘉学派代表人物叶适、陈傅良，永康学派代表人物陈亮，金华学派代表人物唐仲友、吕祖俭，横浦心学张九成传人于恕等或讲学授徒，或宦寓台州。朱熹与各学派间的交流、争鸣，如朱熹与陈亮之间的“王霸义利之辨”以及和唐仲友的交恶，推动了台州儒学的勃兴，使台州一时文风蔚起。清代学者王舟瑶在《台学统序》中指出：“（南宋台州）儒术之隆，称‘小邹鲁’。”北宋共中进士 36 人，而南宋台州

---

① 严振非．台州理学南湖学派史 [M]. 上海：上海古籍出版社，2015.

中进士 550 人，咸淳元年（1265 年），台州一榜中进士者 51 人，达到了极盛。历代正史立传的台州籍人物，始于晋代的任旭，唐代只有一个项斯，而宋代猛增至 20 人，成批的台州人走上了政坛、文坛。“三代以降，人才莫盛于宋。台州之人才，尤莫盛于南宋”[①]，可以说，南宋是黄岩历史文化的分水岭，“家读书而户弦诵”“其民秀而敏，人人殊异，皆以文艺相应”，黄岩实现了从佛道圣地到邹鲁之乡的转变。可见朱熹对台州文教事业的发展厥功至伟。

（二）形成学派

台州历史上被文献资料称为学派的，仅有南湖学派。《宋元学案》100 卷，共有 86 个学案，其中论述南宋理学家的学案有 46 个。南湖学派推崇朱熹之学，从南宋中叶至清末民初，在台州传承近 800 年。其创始人为杜煜。杜煜师事朱熹多年，是朱熹的高足，“悉得奥旨”，并融会贯通、自成一派，后世尊为“南湖先生”，著有《南湖先生文集》，杜家亦渐成“理学世家”。南湖学派推崇朱熹之学，谓“道在是也，穷理求仁，吾知所止”。以“讲明道学”为主，尤重《六经》《论语》《孟子》和《四书集注》，精心考论理学意旨，多有所得。再传弟子杜范“为嘉定以后宰辅之最，声望几侔于涑水矣”。清末黄岩王舟瑶《默庵集》卷十说：“吾台在昔，号称名区，赵宋以还，尤崇儒学。两杜众车与闻正学，南湖学派至成，已而益昌。”南湖学派从南宋时期诞生发展，至元明时期继承深化，明中叶以后逐渐转向经世实学，直到明末清初不绝如缕，代代相传，

① 陈相，谢铎 . 赤城新志 [M]. 上海：上海古籍出版社，2016.

对于台州地域文化，产生了积极的推进作用，并对中国历史文化有一定的影响[①]。可以说南湖学派引领了台州儒学的发展，推动了文化自觉。从此，台州文化与主流文化汇合在一起，促进了台州文教事业的发展和进步。可见，朱熹对台州文化的影响不仅是当时的，而且影响后世。

（三）凝为精神

由于朱熹在台州的讲学、倡导，理学在台州得以发展。理学的“忠、孝、节、义”思想与台州传统的“台州式硬气”结合，铸成台州历代士林人物的共同特点：气节为本。唐门山历史人物，如杜范、泰不华、王棨等基本上都是朱熹的再传弟子，是朱熹理学的传承者。他们有的刚正不阿，有的高风亮节，有的铁骨铮铮，有的犯颜直谏，他们清正廉明，志高行正，一身正气。

杜范（1182—1245），字成之，一字仪甫，号立斋，世称立斋先生，南宋政治家和理学家，著有《杜清献公集》，台州黄岩人。杜范学有渊源，是南湖杜氏的重要传人。南湖杜氏即指杜煜、杜知仁，“二杜”是杜范的从祖，为朱熹门人。因此，杜范的学术旨归实为朱子学。嘉定元年举进士，历仕宁宗、理宗两朝，官至右相。杜范为人正直、敢于直言，为官清正、廉洁，无疑是受理学的影响。

泰不华（1304—1352），元代状元，由于年幼时父亲去世，周仁荣“养而教之”。周仁荣，字本心，台州临海人。他的父亲叫周敬孙，是宋朝的太学生。当初，金华的王柏崇尚朱熹理学，并以此主持台州的上蔡书院，周敬孙与台州的杨珏、陈天瑞、

① 严振非．台州理学南湖学派史 [M]. 上海：上海古籍出版社，2015.

车若水、黄超然、朱致中、薛松年等都师从王柏，颇得性理之学的要旨。正是在周仁荣等江南名儒的教导下，泰不华得到了良好的理学教育，成就了他“以科名甲天下”“以行义著朝端”的美誉。泰不华的主要著作《重订复古编》十卷，可以集中体现其理学思想。

王棻（1828—1899），字子庄，号耘轩，黄岩城东柔桥村人。少时聪颖好学，师从黄岩学者姜文衡、李飞英学习经史。期间，校勘《耕读堂诗钞》，编《倪希子》《冰雪文》《典礼异义》《九峰山志》《柔桥王氏宗谱》。王棻论学不立门户，著文不事雕琢，务求持论公允。对性理、经济、训诂、词章有深入研究；对地方文献真伪，作翔实考据。他提出“左交许郑右程朱，要使滨海变邹鲁”的教育主旨。施教过程中，他一方面不立门户，敢于接受新思想、新观念，认为“学者好是古，非必古胜今”；另一方面，他重立德、轻名利，“以道德为志圣贤也，以功业志者豪杰也”，保持着文人士大夫的气节。在王棻所有的著作中，史料和学术价值最高的是《台学统》。这部书从光绪七年（1881 年）开始编纂，完稿于其晚年，共 100 卷，收录了晋代至清代 337 位台州名人的学术情况，其中正传 252 人，并有附传 85 人。该书将历代的台州学者分为气节、性理、经济、词章、训诂、躬行六门，是台州的学术史总结。其“以气节为本”和“不立门户、汉宋兼融”的学术特色，在台州学术史上具有重要的地位。

因为朱熹在台州这块土地上做出了兴学传道、赈灾免税、兴修水利等业绩，明武宗正德二年 (1507 年)，经朝廷批准，台州府建祠致祭朱熹。黄岩南门外的御崇院（今樊川小学）改为“朱文公祠”，主祀朱熹，配祀有他的黄岩门人 11 位，分别为赵师渊、杜煜、杜知仁、林鼐、赵师夏、赵师雍、赵师蒧、赵师端、池从周、杜贯道、林鼒等。“国之大事，在祀与戎”，有了公共祭祀这个制度化的保障，理学在台州深深植入民众，成了地域文化的重要根基之一[①]。

第二节 黄岩文化坐标地

唐门双塔位于永宁江边的唐门山上，它既是一座风水塔，又是一座文峰塔，承载着黄岩人民对文教的希冀和渴望，见证了黄岩文教的盛衰变化，是黄岩的文化地标。它的建废历史可以说是一部黄岩文教的发展史。

一、缘起

唐门双塔又称双宝珠，是明万历七年（1579 年）黄岩县令袁应祺在任时建造的。

（一）风水学说的影响

黄岩自古有一句老话：“十山九无头，潮水反弓流；家无

① 杨万里．论南宋台州地域文化传统的重建 [J]. 上海大学学报（社会科学版），2011，18（6）：99-108.

三代富，清官不久留。”山环水抱，藏风聚气，属吉地。但永宁江流经黄岩北门一带形成一张反过来的弓。“山无头，反弓流”是地理风水缺陷，所以，需要建塔以补风水。陈耆卿说：“县直北山，爽气浮动，花柳之丽，雪月之胜，无不在江北。”堪舆学家朱熹更曾留下“黄岩秀气在江北，江北秀气在翠屏”的名句，并对唐门山写下了“将军岩上插双笔，将军岩下泉泌泌，域中状元次第出”的独到见解和预测。

风水学说认为“凡都、省、府、县、乡、村，文人不利，不发科甲者，可于甲、巽、丙、丁四字方位上择其吉地，立一文笔尖峰，只要高过别山，即发科甲。或于山上立一文笔，或于平地建高塔，皆为文笔峰”①。唐门山，距城五里，刚好位于黄岩母亲河永宁江之水口，“东亘海门，西控岩溪，二水环绕如两翼。然而山峙其中，当城之左臂，堪舆家所谓‘水口捍门’也”。而“水口无厄塞，邑城无艮峰，亦地之所不足者也”，须建塔“扼邑之门户而为之锁钥也”。在科举时代，地方官员、士人乡绅热衷于建塔以修补形势，营造文运，促进科甲。

（二）明代黄岩文教败破的现实

宋代台州步入了封建社会的鼎盛时期，南宋时，由于北方沦陷，大量人员包括皇族在内的贵族大姓南迁。台州又是京都辅郡，大批中原人民迁居台州，并定居黄岩，输入中原文明。淳熙元年（1174年），朱熹“提举天台山崇道观”；淳熙八年（1181年），朱熹任浙东常平使。作为一个官员，他发展水利，关注民生，政绩可圈可点。而作为著名的理学家和教育家，他

① 高见南．相宅经纂[M]．台北：育林出版社，1999.

以讲学培养英才，使台州尤其是黄岩文风蔚然，科举入仕者众多，经史名家辈出，仅南宋一朝，黄岩进士人数达 182 人。《万历黄岩县志》有 70 多处提及“朱文公”，多提及朱熹兴教之功。黄岩由此赢得了“小邹鲁”之美誉。南宋第一贤相杜范，著名的“江湖诗派”领袖、布衣爱国诗人戴复古，大历史学家赵师渊，“台州十大儒”之一的车若水，还有留下开创性科学著作的徐似道、陈景沂等人，都是彪炳史册的人物。

然而，明朝初年的两大事件让黄岩文教元气大伤。一是洪武年间为铲除方国珍势力以及北方屯田需要，进行了两次大规模的人口迁移，共迁走黄岩 30 多万人，黄岩人口从南宋 68 898 户到明朝永乐时只剩 34 862 户，减少了一半。二是方孝儒案，让台州士子心寒，喻长霖说“明初，台贤一时称盛。值方正学之难，台士歼焉。越数百年，未能甚振”“嘉隆而后，则阅十数祀，仅一再举”。

（三）建造

袁应祺，字不穀，别字肖海，扬州兴化人。明代万历二年（1574 年）进士，万历三年（1575 年）授黄岩知县。他关心民生、重视文教，是黄岩历史上很有作为的县令。在任期间，兴修水利，建成头陀断江利渡浮桥，组织修订《万历黄岩县志》，足迹遍及黄岩各地，留下了许多诗词。他感慨当时黄岩科第寥落，想起了宋代黄岩文教的繁荣，“黄岩为浙以东名邑，云委羽、松岩褚山奇胜累累。士生其间者，类多瑰玮不群，科名郁起，如杜清献、黄文毅、谢文肃、二徐、三左者流。或以宦绩腾声。或以文学标誉，海内仰之如瑞凤祥麟，脍炙士林久矣”，令人想起了朱熹的“将军岩上插双笔，将军岩下泉泌泌，域中状元次第出”，为“聚山川清淑之气，以助黄城文运之昌隆，遂顺民情，于山之巅建双塔，名曰：文笔、文星”。果然，天遂人愿，就在唐门双塔落成的那年秋天，就有刘梦龄、项汝廉、王文雷3位黄岩学子在省试中中举，一时成为美谈。这件事被袁应祺记在了《唐门双塔记》中，而且非常得意地说：“此山水之助耶；抑诸弟子所为，举子艺骚骚然古也适与运合耶；而后来者，将未艾耶。诸博士弟子以记请也，不穀因持前说以应之。”可以说唐门双塔一开始就与黄岩文教结下了不解之缘。

二、崩塌与重建

在百余年风雨侵蚀之后，双塔自然崩塌。同样，黄岩的文教在清代海禁政策和文字狱的双重打击下一蹶不振。

顺治十二年（1655年）六月，清廷下令沿海省份“无许片帆入海，违者立置重典”；顺治十八年（1661年），更强行将江、浙、闽、粤、鲁等省沿海居民分别内迁三十至五十里，设界防守，严禁逾越，“尚书苏纳海等至台，撤边海三十里居民入内地，空其地。以海贼累犯，由附海居民接济故，浙、闽、粤边海地方悉行迁徙，台州临、黄、太、宁四邑失业者多，民生益困”。[①]

雪上加霜的是顺治年间台州又发生了“白榜银案”。清顺治十八年（1661年），临海庠生赵齐芳、赵齐隆兄弟积欠数两白榜银，遭知府郭曰燧毒打，引发府县两庠学生公愤，纷纷具呈巡道杨三辰要求退学，后被罗织成狱，受到牵连的临海、黄

① 张联元，方景濂．康熙台州府志[M]．北京：国家图书馆出版社，2005.

岩两县诸生有四五百人，为首水有澜等二人被绞杀，余 65 人遣戍辽东，并令台州停试三科。这就是“两庠退学案”，该案使临海、黄岩两县“倜傥通才，一网俱尽”，人们对求取功名心灰意冷，“我辈复何忍读古人之书”，但求终老山林。黄岩县在顺治年间无人乡试中榜，直到康熙五十四年（1715 年），才有江济一人考中进士，整整绝榜 70 年。雍正四年（1726 年）至十年（1732 年），清廷又以浙江士子“风俗浇漓，人怀不逞”为由，停止浙江的乡试和会试，黄岩的文教事业再次遭到了沉重的打击。

“兴教化、育英髦，有司者首务也”，乾隆三十四年（1769 年），知县王憕为发展黄岩文化教育事业，率邑绅增修樊川书院，延师课习，优给饩膳以劝学。王憕《樊川书院课士记》曰：“予则朔望视其所学，而一再试之，厚其廪饩，别为甲乙。阅数月，而士风丕振，文教聿兴。士不远百里皆裹粮而来。”乾隆三十五年（1770 年），黄岩镇总兵孙廷璧和知县王憕“取法前令袁侯为斯邑科名计”重修双塔。费时两个多月竣工，塔为五层，高 5.3 丈，周广 5.1 丈。塔成，王憕赋诗以记之：“丹崖形胜地，众水下唐门。双塔悬岩立，先贤旧迹存。废兴关气运，代谢阅晨昏。不但夸文笔，欣看生聚繁。”清同治七年（1868 年），邑绅罗德润等再次重修。

同治三年（1864 年），刘璈调署台州知府，他认为立政之体，首重文教。“欲图长治之策，则隆学校，兴礼让其要也……清源正本，教在所先。”他筹款修复了府学、县学，设立校士馆，整个台州文教事业才又开始复兴。据统计，刘知府在任 9 年，督促各县新建、重建、扩建或整顿的书院共 32 所。迨至清末，台州共有书院144所，占当时浙江省11个府书院总数的14%。为了使贫寒子弟能入学读书，他又设了100多所义塾，遍及整个台州。同时，他抽取海门盐捐，将寺庙道观废产充公，拨给书院和义塾，并确保办学经费。著名经史学家、方志学家、教育家王棻在《前台州知府刘公祠堂记》中写道：“入国朝二百四十余年，守台者五六十人，以刘公治绩为最。”民国《台州府志》也赞刘璈:“由是台之文教乃大振。”同治八年(1869年)，黄岩也迎来了新知县孙憙，他改僧舍建九峰书院，将瑞岩寺改为义塾，庙产充作校产，一批教育机构在黄岩出现。同治年间，全县兴建城乡义塾39处。

刘璈、孙憙等人的举措终于在光绪朝结出硕果，创造了黄岩科举末代的辉煌。清代存续268年，黄岩中进士18人，举人112人，其中光绪年间，黄岩中进士9人，占50%，举人36人，占了近1/3。涌现出了王彦威、喻长霖、王舟瑶、陈瑞畴、章梫、许元颖、於昕、江伯震、黄方庆等十多位享誉一方的人士。其中喻长霖(1857—1940)在清光绪二十一年(1895年)高中榜眼，成为黄岩历史上功名最高的人。

三、浩劫与重生

如果说前几次双塔的崩塌是自然的毁坏，那么在特殊年代就是人为的、有组织的拆毁。泰不华墓被砸毁，崇节祠被拆毁，唐门双塔也被有组织地拆毁。

改革开放以来，黄岩领风气之先，依托“两水一加”，大力推进市场取向改革，在全国第一个颁布了保护和规范股份合作企业的政府性文件，形成了医药化工、塑料制品、机械电器、工艺礼品、摩托车及汽摩配件、模具制造等六大支柱产业，被誉为中国模具之乡、中国工艺品之都、中国塑料日用品之都、国家火炬计划塑料模具产业基地、中国电动自行车及零部件产业基地等，曾连续两届跻身“全国农村综合实力百强县（市）”行列，获“中国明星县（市）”等荣誉。经济的发展促进了文化的繁荣，2003 年，创办于 1921 年的原黄岩师范学校和创办于 1937 年的原台州农校合并，升格为台州科技职业学院，黄岩终于有了自己的大学。2009 年，唐门山下，永宁江边，一座现代化的新校园落成。2016 年，唐门双塔重新建成，冥冥之中历史在这里交汇，双塔和文化又一次走到了一起。

虔诚建塔的朱智勇先生，1933 年 8 月出生于黄岩北门，1954 年考入上海市第一医学院卫生系。1962 年研究生毕业后分配到浙江省防疫站工作，任主任医师。他一直从事疫病防治科学研究，是我国著名的卫生防疫专家，曾获全国科技进步一等奖，为第九届、第十届全国政协委员。2007 年，他向黄岩区政府提出捐资重建唐门双塔的意愿。2016 年 5 月重修计划顺利启动。重修之双塔为修长的楼阁式砖塔，腰檐为涩叠出檐。塔高 16.9 米，塔身 5 层 6 面，须弥座周长 10.8 米。文星、文笔南北而立，相距 22.8 米。

“唐门双塔文光萃，恰与方山双塔对”，永宁江畔的唐门“文笔”“文星”双塔与方山九峰“紫云”“阜云”双塔遥相呼应的人文景观得以重现。千百年来，唐门双塔屡建屡毁，历尽劫难，终于有了今天的重现。夜幕降临之时，唐门双塔闪射出绚烂无比的光芒，这是一束文化之光，照亮我们前行的路。

文化是一个地方的根与魂。曾几何时，台州地处遥远的东南海隅边地，除了六朝和南宋建都于江南的两段时间之外，在漫长的历史年代里，一直远离华夏文明中心。清代《重建台州府学记》云：“台处万山中，风俗朴茂近古。唐肃宗初，郑虔广文司户此州，尝叹东鲁圣人泽加天下，譬之阳春无私，其照阴崖独后，因慨然以教化为己任，而士习渐振。”郑虔被贬台州对郑虔来说是人生的不幸，但对台州的文教事业来说，却是一件天大的幸事，使台州文化与主流文化有了第一次亲密接触，从而打开了台州文教的大门，被尊为“吾台斯文之祖”。南宋朱熹四次来台州，授徒传道，台州从唐以前的“南蛮”之地一跃成为宋以后的“小邹鲁”。文化需要引领，只有先进文化的引领，才能推动当地文化的发展。正是在郑虔、朱熹等人的引领下，在历任地方官的推动下，台州才形成了崇文重教的传统，即使是农民起义的领袖方国珍，也表现出对文化的重视，修文庙、建书院、揽人才，护佑一方发展。

第三节　一代状元尽节地

泰不华（1304—1352），字兼善，台州临海人，元代状元，在儒学、文学、书法等方面有较高的造诣。政治上，他正直清廉，崇尚气节，直言敢谏，官至礼部尚书、浙东宣慰元帅、台州路达鲁花赤，因“死节”而为士人深切悼念。

一、泰不华部族来源

关于泰不华的部族来源，历史上存在争论。一说他是西域色目（古哈萨克族）人，以当代学者陈垣为代表："先是廷试第一皆国人，泰不华既以第一及第，故或称为蒙古人，其实伯牙吾台是色目之一，非蒙古"[①]；一说他为蒙古人[②]，陶宗仪在《书史会要》卷七明确泰不华为蒙古人。"泰不华，字兼善，元名达普化，御赐今名，号白野，蒙古人：状元及第，官至浙东宣慰元帅、台州路达鲁花赤，没于王事，追赠江浙行省平章政事，封魏国公，谥忠介。"《秘书监志》也明确记载其为蒙古人。陶宗仪和泰不华不仅是同时代人，而且同为台州人，关系较好，泰不华对陶宗仪有知遇之恩，可信度较高。元代实行的是民族分化政策，蒙古族人享有各项政治特权，而科举考试是最大的政治。自元泰定二年（1325 年）开始科举考试，至元至正二十六年（1366 年）元代灭亡前夕，共举行 16 次科举考试，其他所有 15 名右榜状元都是蒙古人，无一人为色目人。泰不华为至治元年（1321 年）右榜进士第一，可见泰不华为蒙古人。

但无论是哪族人，泰不华是台州人却是不争的事实。《元史》卷 143《泰不华传》载："泰不华，字兼善，伯牙吾台氏。初名达普化，文宗赐以今名，世居白野山。父塔不台，入直宿卫，历仕台州录事判官，遂居于台。"父亲塔不台因任职台州录事判官，泰不华随父定居临海，在台州长大，接受台州的教育，代表台州参加乡试、京试并取得第一名，最后在台州为国尽节。

① 陈垣．元西域人华化考 [M]. 上海：上海古籍出版社，2000.

② 王颋．伯牙吾氏泰不华事迹补考 [J]. 民族研究，2007(2)：90-96.

二、科名之路

泰不华走的是一条典型的知识分子成长的道路。泰不华家族在当时并不显赫，父亲只是行伍出身的下层官吏，家庭也没有深厚的文化背景。泰不华年幼时，其父去世，家里十分贫困，但“好读书，能记问”，且十分幸运的是他碰到了周仁荣、李孝光两位大儒，从而走上了科名之路。

周仁荣，字本心，号月岩，临海（今属浙江）人。“周仁荣的一生都以传播和教授朱熹理学为己任，并且在朱熹理学的基础上又使之得到深化与发展。周仁荣先后跟随其父亲周敬孙以及他的两个老师杨珏和陈天瑞学习朱熹理学，为其后来在书院教学以及朝廷任职打下了坚实的基础。”[①]父亲周敬孙，南宋太学生，金华学派的代表人物。受家学影响，周仁荣致力于朱熹性理之学，曾担任处州美化书院山长，辟江浙行省掾史。泰定初年，周仁荣召拜国子博士，升集贤待制。周仁荣工诗善书，是学问、人品俱佳的儒士，也是名列《元儒考略》《宋元学案》的理学家。周仁荣见泰不华聪慧异常，于是“养而教之”，使泰不华成了元代蒙古族人中才华最为出众者之一。因此，泰不华在为尤溪指岩周氏修谱作序时，满怀深情地说：“先生视予犹子，恩莫甚焉。”黄岩澄江《东江何氏宗谱》也记载其先祖高岗“容貌魁伟，少负奇才，与泰不华同师紫岩周先生”。

李孝光，字季和，号五峰，乐清人，元末著名诗人。至正四年（1344 年）诏征隐士，孝光以秘书监著作郎召赴京师，于

① 潘龙威．元儒周仁荣生平述略 [J]. 台州学院学报，2017，39（1）：10–12.

宣文阁向顺帝进讲《孝经图说》，受称赏，自然也成为有道名儒。李孝光有《汉洛阳令方圣公储传》，至正四年（1344 年），泰不华题书其后，称："先师所谓语人而不语神，庶几近之。"用《论语·述而》中"子不语怪力乱神"来评价老师的文章。李孝光也以儒家话语勉励这位弟子，如《送达兼善典签》："上言赤子天哀怜，仁人在位如解县。"（《五峰集》卷九）劝勉泰氏发政施仁，致君泽民。

人一生遇到一位好老师，何其幸哉，而泰不华一下子遇到了两位。泰不华在这两位道德、文章俱佳的江南名儒处耳濡目染，悉心研读四书五经，穷钻程朱理学，学业日进，很快就脱颖而出。延祐七年（1320 年），17 岁的泰不华参加江浙乡试便获得第一名，第二年至治元年（1321 年），18 岁参加京试又高中状元。"射策丁年冠廷对"，泰不华出身寒门，全凭自己的才智成为一国学子之冠。在我国科举史上，在十七八岁之时连中两个第一名，是空前绝后的。泰不华也成为台州历史上三位状元之一，而且是最年轻的状元，这是台州文化的盛事，也是台州文化的胜利，它让泰不华实现了从少数民族子弟到儒学知识分子的华丽转身，很难想象泰不华的父亲是一位连汉语都不会说的人。《滋溪稿》卷三十《题兼善尚书自书所作诗后》载："白野尚书向居会稽，登东山、泛曲水，日与高人羽客游。间遇佳纸妙墨，辄书所作歌诗以自适，清标雅韵，蔚有晋、唐风度。予犹及见尚书先考郡侯，敦厖质实，宛如古人，而于华言犹未深晓。今有子如此，信乎国家文治之盛。"从中可见台州文化的兴盛和元代民族融合的程度。

泰不华"以科名甲天下"，学术渊博，才气过人，是知识分子的代表，在蒙汉知识分子心目中有崇高的威望。在文学上，在用汉文进行文学创作的诸多蒙古族诗人中，泰不华的成就仅次于萨都剌，为元代诗坛上的杰出诗人之一。“元时蒙古、色目子弟，尽为横经，涵养既深，异材辈出。贯酸斋、马石田（祖常）开绮丽清新之派，而萨经历（都剌）大畅其风，清而不佻，丽而不缛，于虞、杨、范、揭之外，别开生面。于是雅正卿（琥）、马易之（葛逻禄迺贤）、达兼善（泰不华）、余廷心（阙）诸公，并逞才华，新声艳体，竞传才子，异代所无也。”[①] 泰不华留有诗集一部，题曰《顾北集》，收诗二十四首，载于顾嗣立《元诗选》初集，并被收录于王棨的《台学统》。其中《卫将军玉印歌》《衡门有余乐》《桐花烟为吴国良赋》《陪幸西湖》《上尊号听诏李供奉以病不出奉寄》《送赵伯常淮西宪副》《与萧存道元帅作秋千词分韵得香字》《送琼州万户入京》诸诗深为时人及后人所传扬。尤其《卫将军玉印歌》一诗，气势恢宏，情系千古，沉郁顿挫，感人至深，颇有李白歌行之遗风。在书法上，据陶宗仪《书史会要》记载，泰不华“篆书师徐铉、张有，稍变其法，自成一家。行笔圆熟，特乏风采。常以汉刻题额字法题今代碑额，极高古可尚，非他人能及。正书宗欧阳率更，亦有体格。”元人吴克恭在《奉同杨廉夫赋简杜原夫达兼善》一诗中也对其书法创作倍加激赏：“相逢之处歌九曲，小篆以来书八分。勒取山经载名刻，清时白首重高文。”泰不华现存世的书法作品有《陋室铭》篆书卷（图 3-1）、楷书嵊州市清风岭《王贞妇碑》、巩义《元赠清河郡公张思念碑》篆额、《绍兴路重建旌忠庙记》

① 王夫之．清诗话 [M]. 丁福保，编．上海：上海古籍出版社，1978.

篆额、绍兴《赵承务去思碑》篆额、绍兴《贡承务去思碑》篆额等。

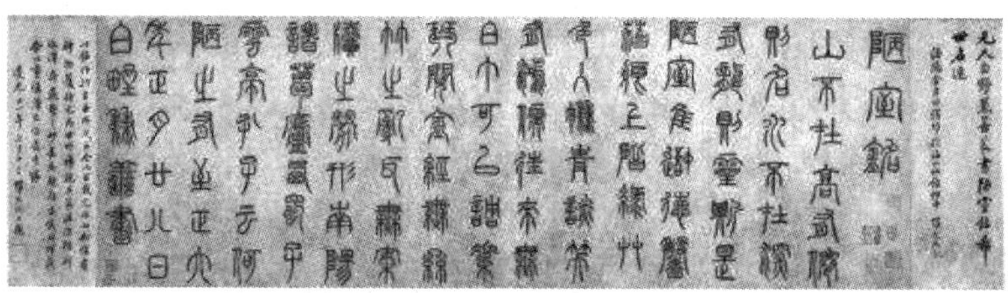

图 3–1　泰不华《陋室铭》

泰不华“以行义著朝端”。他“八为言官直声彰，出任民牧仁膏沛”，担任地方官时，他仁政爱民。在任江浙行省左、右司郎中时，浙西大水成灾，灾民仍照例交租赋。泰不华入朝为民请命，力言于中书，免其租赋。至正元年（1341 年），他出任绍兴路总管，废官牛租，令民实报田亩以均赋役，颇能兴利除弊。黄河决口，泰不华受命治理黄河，颇有政绩。担任文化官时，他如鱼得水。高中状元后，授集贤殿修撰，转秘书监著作郎，后授秘书监，改礼部侍郎。继入史馆，参修宋、辽、金史，书成，升礼部尚书兼会同馆事。在任监察御史时，他不畏权贵，敢于直谏。可以看出，泰不华在文化、政治方面有较高的水平，是大元朝廷声威赫然、正直廉洁之忠臣。但耿直的性格，导致他不断地得罪权臣，不断地被排挤，甚至让他一文官出任浙东道宣慰使都元帅，率兵镇压家乡的方国珍起义军。

三、为国尽节

“男儿坠地四方志，须及生封万户侯”，泰不华长期受儒家教育，怀有忠君爱国、积极入世的政治理想和建功立业的急切心愿。对于方国珍起义，泰不华一贯主张予以剿灭，是一位坚定的“主剿派”。至正八年（1348 年），泰不华以江东廉访使身份考察实情，上书元廷，建议诱捕方国珍兄弟，但未受到采纳。至正十一年（1351 年），泰不华迁浙东道宣慰使都元帅，分兵于温州，与江浙行省左丞孛罗帖木儿相约以六月乙未合兵进讨方国珍。孛罗帖木儿先期至大闾洋，结果全军覆没。元朝将领孛罗帖木儿被生俘，又替方国珍上表元廷，方国珍表示“投降”。元廷不侦真伪，再次答应招降。泰不华“闻之痛愤，辍食数日”。元朝尤为重视方国珍的这次“投降”，派出大司农达识帖木儿等人至黄岩受降，除了携带大量赐物外，还加封方国珍兄弟高官。“国珍兄弟皆登岸罗拜，退止民间小楼（休息）”。当晚，中秋月明，泰不华想趁方氏兄弟不备派精兵杀掉他们，一劳永逸。恰逢大司农达识帖木儿来访，泰不华以实情告之，不料对方怫然：“我受诏招降耳，公欲擅命耶？”泰不华不得已只能中止行动。随后，泰不华被贬为台州路达鲁花赤。

1352 年，朝廷征讨徐州刘福通红巾军，命令江浙行省募舟师守大江，方国珍心生疑惧，重新反叛，入海自保。为消灭方国珍，1352 年 3 月，泰不华率船队在王林洋水域与方国珍的舟师激战，结果战败身亡。“贼群至，欲抱持过国珍船，泰不华嗔目叱之，脱起，夺贼刀，又杀二人。贼攒槊刺之，中颈死，犹植立不仆，投其尸海中。”就这样，一代状元在唐门山王林洋水域壮烈殉国。与他同时殉国的还有僮名抱琴、临海尉李辅德、千户赤盏、义士张君璧等。“抱琴偕赤盏，誓死甘追随，同仇张与李，捐躯亦不辞，到今忠魂毅魄应相依。”

泰不华的死意味着沿海地区失去了一个有权力且坚持对海寇进行剿灭的官员，让本就脆弱的海防力量失去了一个坚定的核心，加上另一位“主剿派”刘基也得不到重用，从此方国珍势力逐渐坐大。

四、生前身后名

“儒家风流古来少，神勇况慑千熊罴”，泰不华神勇忠贞、视死如归的气节撼天地、慑鬼神。所以顾嗣立在编选《元诗选》时就称其“死事为最烈”，足以称得上是“不负科名”。泰不华去世后，许多文人名士纷纷撰文纪念，历史学家、文学家危素作《挽达兼善》即云：“大将忠精贯白日，诸生揽涕读哀词。”刘基与泰不华想法相同，都主张严厉镇压方国珍起义，所以极为其不幸惨死而鸣不平，作《吊泰不华元帅赋》，有“怀先生之耿介兮，遭时命之可怜”等句。王冕作《悼达兼善平章》诗云：“出师未捷身先死，忠义如公更不多”，为其慷慨赴死而发感叹。杨维桢《挽达兼善御史辛卯八月殁于南洋》：“黑风吹雨海冥冥，被甲船头夜点兵。报国岂知身有死，誓天不与贼俱生。神游碧落青骡远，气挟洪涛白马迎。金匮正修仁义传，史官执笔泪先倾。”叙写了一代英豪最后壮志未酬、饮恨而终的悲愤。甚至还有一位与方国珍有亲戚关系的女诗人范秋蟾（黄岩南塘人，今属温岭）也对泰不华的为国捐躯深表哀悼，写了一首《吊达普化元帅》：

“江头沙碛正交舟，江上人怀百战忧。力屈杲卿生骂贼，功成诸葛死封侯。波涛汹汹鲸横海，天地寥寥鹤怨秋。若使临危图苟免，读书端为丈夫羞。”读来让人钦佩。

泰不华死后第三年，即1355年，元廷追赠其为荣禄大夫、江浙行省平章政事、柱国，追封为魏国公，赐谥号“忠介”，并且在台州黄岩唐门山为其立崇节祠，让其事迹流传后世。荣禄大夫、江浙行省平章政事都为从一品官职。柱国为元代十阶勋官第二阶，从一品，只用于封赠。魏国公，“魏”，指国号，即为封地范围。但自唐以降，外姓封爵没有实际封地。国公是中国古代封爵名，位次郡王，为封爵的第三等，公爵的第一等。历朝封魏国公者共78人，其中出名者有房玄龄、李光弼、赵普、范仲淹、史弥远、赵孟頫、徐达等。立庙树祠一般是封建王朝对于有重大功勋大臣的特殊表彰。可见，朝廷给予泰不华以最高荣誉。

遗憾的是泰不华去世后，元朝很快走向灭亡，蒙古族退回北方，泰不华族人也从台州迁走，因为台州是方国珍故地，“当元亡之际，方国珍势力强盛，国珍深忌色目人，且与泰不华有隙，达氏后裔自不能安居于台，故有避祸北迁镇江之举”①，从而导致泰不华在台州影响越来越小，逐渐湮没在历史的洪流中。在明代万历黄岩县志中，只有泰不华墓的记载，而不见有崇节祠的记载，说明崇节祠在明朝初年就被毁。但爱国者是不会被遗忘的，1898年，民族危机加重，国家需要忠臣，民族呼唤英雄。江伯震等一批黄岩文人向县令关钟衡提出募资重建年久圮废的

① 达应庚.元代泰不华族源初探[J].甘肃社会科学，1991（2）：68-70.

崇节祠，并在将军岩上镌刻“元魏国公忠介尽节处”九个大字，“俾后之凭吊者得以观焉”。

“世间多少偷生者，黄甲由来出俊髦。”在中华民族的历史长河中，泰不华是一位有理想抱负、讲忠义节气的正直官员，有兼济天下的雄心，道德文章名冠一时，忠介节义千古流传。他是民族融合的代表、忠君爱国的典范。虽然他不能摆脱阶级和时代的局限，甚至有愚忠的嫌疑，但他的爱国思想与献身精神，是值得后世肯定和颂扬的。

第四节 王林洋海战遗址地

方国珍（1319—1374），台州黄岩人。“方氏自大宋年间侨寓黄岩，世居洋屿。后迁石曲，历传至元，有太祖考、祖妣墓葬在方家岘下汇头”。方国珍后避仁祖讳改国真，身长面黧黑，负膂力，性颇沉勇。兄弟三人，兄国璋、弟国瑛、国珉都很刚悍。他的父亲叫伯奇，农民出身，生性懦弱，知道他的人都会欺负他，他总是叹着气说：“吾子必有兴者，无久苦我。”当时黄岩风俗，贵贱等分甚严，佃户见田主不敢不施揖，等田主走过去了自己才敢起身。方国珍的父亲伯奇见到田主尤其恭敬。国珍见状，生气地问：“彼犹人，何所上下，乃事之如此？”残酷的阶级压迫现实，在方国珍心中埋下了仇恨和反抗的种子。

一、天灾人祸下的台州

元朝末年，政治腐败，权臣当道，祸乱朝纲，民族矛盾和阶级矛盾交织，天灾人祸共生。元统治下的台州，是蒙古统治者所谓的“南人”聚居的区域，因而当地人民在军事、政治、经济等方面所受到的歧视和迫害特别深重。元统治者不许汉人持有兵器，加上台州又是南宋末代太后谢道清的故乡，更受统治者的防范。故老相传，元初曾是十户人家共用一把菜刀。此时，台州连年发生天灾，元末先后 58 年间，台州发生灾荒 18 次，两次严重到志书所记的“人相食”的地步（表 3–1）。至正四年（1334 年）七月，台州发生大海啸，大风吹海角上平陆二三十里，沿海地区受灾严重。而浙江的赋税竟占全国的十分之七，加上官吏贪腐枉法成风，民不聊生，陶宗仪《辍耕录》载有浙东流传的民谣：“天高皇帝远，民少相公多；一日三遍打，不反待如何。”有童谣云：“泽屿青，出海精。”这是民众反元心声的反映。至正初，黄岩有李大翁啸众反元，出入海岛，劫夺漕运船，杀使者。其后有蔡乱头起兵。时势造英雄，方国珍横空出世。

表 3–1　元末黄岩重大灾情

时　间	灾　情
大德四年（1300 年）	雹灾
大德十一年（1307 年）	大饥，民采草根树皮食，民相食
至大元年（1308 年）	大疫复饥，死者甚众
至治三年（1323 年）三月	黄岩州饥，赈粮两月
至正元年（1341 年）闰七月	大水
至正二年（1342 年）	自春不雨至秋八月
至正四年（1344 年）秋	海啸上平陆二三十里
至正十四年（1354 年）	大饥，人相食

注：根据明万历黄岩县志、清光绪黄岩县志整理。

二、方国珍部人员构成及其特点

生于台州沿海的方国珍兄弟以鱼盐为业，“世以贩盐浮海为业”[①]，走上了一条充满艰辛和冒险的道路。王士性《广志绎》：“宁、绍、台、温连山大海，是为海滨之民。……海滨之民，餐风宿水，百死一生，以有海利为生不甚穷，以不通商贩不甚富，闾阎与络绅相安，官民得贵贱之中，俗尚居奢俭之半。”[②]

渔民在古代台州又被称为“讨海人”，是历史上地位低微的群体，渔与盗其实只有一纸之隔，今年渔船出海，不甚得利即转变为绿林豪客，以打家劫舍来维持生计。大胆的就结伙在海面上抢劫过往船只，胆子小一点的则盗割别人的渔网。此间的滨海无业贫民很容易就沦为盗匪。他们既饱受海盗抢劫勒索之苦，又会不自觉地卷入海上非法抢劫活动。

盐政为“食货之大源，海疆之要务”，台州地处东南沿海，海岸线曲折，盐业资源丰富，历史悠久。台州海岸之新亭监在唐代已是吴、越、扬、楚十大盐场之一，在新亭盐监之后发展了桃渚的东洋盐场（今四岔），后发展为杜渎盐场，此外还有台州湾南岸的迂浦盐场（在今椒江赤龙山东经洪家、横街至温岭长屿、松门一线沿海的古海涂，后称黄岩场）和宁海的长亭场，这些都是宋元时代的两浙重要盐场。方国珍的家乡洋屿就位于黄岩场的中心地带，得地利之便，方国珍兄弟从事盐业活动。盐民亦称灶户、灶民，入“灶籍”世代因袭，“晓露未晞，忍饥登场，刮泥汲海，伛偻如猪”；煎盐时“暑日流金，海水

① 张廷玉．明史 [M]. 北京：中华书局，1974.

② 王士性．王士性集 [M]. 杭州：浙江古籍出版社，2013.

如沸，煎煮烧灼，垢面变形”，生活十分艰辛。灶户本以政府支付的工本钱为生，却因贪官克扣，灶户“所获无几”。为缓解自身的生活压力，灶户便私自将产盐卖出，转化为私盐，加剧了私盐贩卖活动的猖獗，但无论在哪个历史时期，贩卖私盐都是违法行为。所以灶户自身也是社会的不稳定因素，元末盐场盐丁暴乱，屡见不鲜。所以说，方国珍兄弟游走于法律的边缘，这也是当时底层民众迫不得已的选择。通过他们兄弟的努力，家境逐渐富裕。“伯奇死，兄弟僇力作，家渐裕。”然而，树欲静而风不止。1348 年 11 月，方国珍一家人在遭到仇人诬告、上诉无果、官府急捕之时，奋起抗击。方国珍以桌为盾，以杠为矛击杀巡检，并与家人商量：“朝廷失政，统兵者玩寇，区区小丑不能平，天下乱自此始。今酷吏藉之为奸，媒蘖及良民。吾若束手就毙，一家枉作泉下鬼，不若入海为得计耳。”（宋濂《故资善大夫广西等处中书省左丞方公神道铭碑》）没几天就得到了数千人的支持，揭开了元末农民起义的序幕。

鱼盐出身的方国珍兄弟及其部众带有四个明显的特征。

一是纪律性强。有两句渔谚“老大（船长）开船，阿爸不等”“海令如军令”，很恰当地体现了渔民的纪律性。方国珍体貌魁梧，有气度，有比较高的威望和非凡的号召力。方国珍在至正八年（1348 年）流亡入海岛之后，没多久便聚集数千人，到至正十二年（1352 年）便有海船千余艘。同时，在其所统治的地域内显得比较平静团结，没有出现过一般起义军集团所经常出现的因争权夺利而互相残杀的现象。

二是冒险性。因长期在海上生活，遇大风大浪，就要顶风抗浪、奋勇前进。长年逐利鲸波之中，出生入死，从而形成了大胆、勇敢和冒险的思想以及粗犷悍戾的作风。

三是精明、逐利。海洋文化崇尚机遇，“海精”方国珍具有沿海居民圆滑、精明的性格特点，追求利益最大化。他刚柔相济，纵横捭阖，对元朝政府和朱元璋等都有清醒的认识，保持高度的警惕，并周旋于各大力量之间，最后得以善终。

四是海洋依附性。方国珍部以海为家，以东南沿海（浙江宁波、台州、温州）为根据地。海洋是方国珍的舞台，海战是方国珍的强项，“离海近，如鱼得水；离海远，尤其是逐鹿中原，只怕是成为‘海大鱼’，一旦荡而失水，难免下为蝼蚁所食矣”[①]。他从一开始海上谋生、海战、海运，到最后避难海上，一辈子与海打交道。

正是这些特点决定了方国珍的人生走向：面对压迫，首义抗元；虚与委蛇，纵横捭阖；保境安民，发展贸易；认清形势，得以善终。

三、土林洋海战

古时黄岩是浙东的门户，战略地位十分重要。“黄岩襟海枕山，为闽广吴越之门户，亦东南一都会”“黄岩翰海屏山，为浙东重地”“台（州）濒海者四县，而黄（岩）扼其中，海门、金清、松门、隘顽诸海口俱在县境，故台之海，以黄为最重”“邑南北为瓯越通衢，而东抵海门，插羽披星递传，络绎不绝”[②]。

① 胡正武．方国珍首义之功与割据之局简论 [J]. 台州学院学报，2013，35（5）：5-9，21.

② 陈钟英．光绪黄岩县志 [M]. 台北：成文出版社，1975.

王林洋位于黄岩永宁江下游马鞍山至三江口一带，在元朝时还是一片海域，江面宽处近四五百米，窄处只有五十米，深处有近七米，浅处仅四米（图 3–2）。王林洋附近因为有海潮对永宁江水的顶托，导致这一带沙渚很多，许多小沙洲潮涨时隐没在水下，潮退时露出水面。这里是黄岩县城、台州府城的门户，为兵家必争之地。

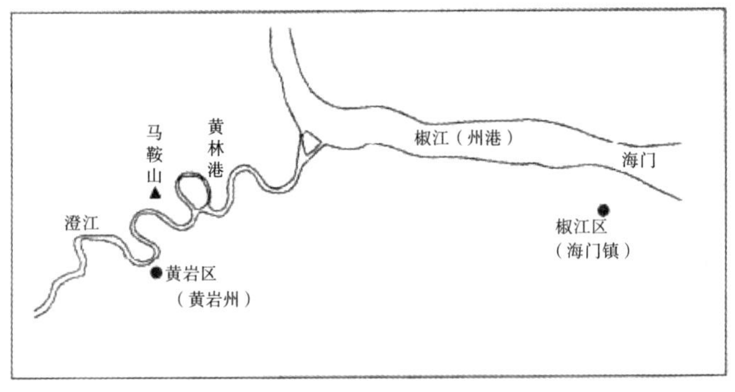

图 3–2　元代黄岩城附近地图

方国珍起兵后，就以大陈、玉环、舟山、洞头等沿海岛屿为据点，在台州、温州沿海与元军周旋。王林洋海域成为方国珍初期与元军激战的主战场。其中，最著名的一次海战发生在元至正十二年（1352 年）三月，元台州一代状元、台州路达鲁花赤泰不华部与抗元首义方国珍水军大战于此，史称王林洋海战。

王林洋海战本是泰不华设计的以受降为幌子乘机消灭方国珍势力的一次军事行动，受降地点经过精心的选择，因为王林洋海面比椒江狭窄，回旋余地小，而且靠近县城黄岩，便于水陆夹击。不曾想“海精”方国珍非常熟悉这一海域的情况，利用退潮泰不华船队在沙渚搁浅之机，分割包围泰不华水军。短兵相接中，泰不华被方国珍部下刺死，尽节殉国。

《元史·泰不华传》形象地记录了这一段历史：“十二年，朝廷征徐州，命江浙省臣募舟师守大江，国珍怀疑，复入海以叛。泰不华自分以死报国，发兵扼黄岩之澄江，而遣义士王大用抵国珍，示约信，使之来归。国珍益疑，拘大用不遣，以小舸二百突海门，入州港，犯马鞍诸山。泰不华语众曰：‘吾以书生登显要，诚虑负所学。今守海隅，贼甫招徕，又复为变，君辈助我击之，其克则汝众功也，不克则我尽死以报国耳。’众皆踊跃愿行。时国珍戚党陈仲达往来计议，陈其可降状。泰不华率部众，张受降旗乘潮而前。船触沙不能行，垂与国珍遇，呼仲达申前议，仲达目动气索，泰不华觉其心异，手斩之。即前搏贼船，射死五人，贼跃入船，复斫死二人，贼举槊来刺，辄斫折之。贼群至，欲抱持过国珍船，泰不华嗔目叱之，脱起，夺贼刀，又杀二人。贼攒槊刺之，中颈死，犹植立不仆，投其尸海中。年四十九。时十二年三月庚子也。僮名抱琴，及临海尉李辅德、千户赤盏、义士张君璧皆死之。”

王林洋海战是方国珍、泰不华两个历史人物的分叉口。泰不华尽管为文官，但北方民族强悍的血气和“台州式硬气”让他在战斗中忠勇无比，连杀九人，最后“贼攒槊刺之，中颈死，犹植立不仆”。泰不华的“死节”赢得了朝廷的嘉奖、文人的哀悼和后世的敬仰。元朝政府给予了他最高的荣誉：“追赠荣禄大夫、江浙行省平章政事、柱国，封魏国公，谥忠介，立庙台州，赐额崇节。”历代文人对他的忠勇称赞有加。泰不华“以科名甲天下”，在当时知识分子心目中有着崇高的威望，他的死难，使原本对方国珍不太了解的文人一下子站在了方国珍的对立面，从内心排斥方国珍而不愿走向他的阵营。他们往往选择归隐山林，静观时局的变化，从而导致方国珍阵营人才匮乏。

然而，从当时的情况看，杀死泰不华并不是方国珍的本意，而是在一次短兵相接的打斗中的误杀，“贼群至，欲抱持过国珍船”，表明方国珍部想活捉泰不华，这也符合方国珍的一贯做法和海精本色。一方面，方国珍明白自身的力量不足以与元朝分庭抗礼，只有与之周旋，即通过擒获的元军将领如江浙行省参知政事朵儿只班、江浙行省左丞孛罗帖木儿等向皇帝说辞，目的是赢得与元廷谈判的资本，为自己赢得最大的利益；另一方面，他看到元朝的弱点所在，因为元朝廷仰赖江南粮食供应，有余粮的台州等地就成为南粮北运的货源地。《元史·食货志》载：“元都于燕，去江南极远，而百司庶府之繁，卫士编民之众，无不仰给于江南”，江南漕运都集中于苏南、两浙。至元二十年（1283 年），朝廷在江南设海道运粮万户府，下设温州台州、庆元（今宁波）绍兴、杭州嘉兴、昆山崇明、常熟江阴五海道运粮千户所，管理漕运事宜，台州湾口是元代重要的海道运粮海域。方国珍起义后，劫掠漕运、梗海道，严重影响粮食海运，元军多次镇压，多以失败告终。方国珍也看到蒙古军队不善海战的弱点，他的存在对元朝海运和漕运造成极大威胁，元军却奈何他不得，双方存在和谈的可能。尽管出现几次反复，但只要元朝保存他的实力、船舶、人员、地盘，方国珍就愿意归顺元朝。

王林洋海战更是一个历史时期的分叉口。王林洋海战后，方国珍起义军迅速壮大，1352 年 5 月方国珍攻占黄岩城。8 月，方国珍攻台州城，至正十四年（1354 年）九月，方国珍攻下台州。至正十五年（1355 年），方国珍攻下温州、庆元（今宁波），从而称雄一方，开启保境安民、守望东南的历史进程。

当然，历史是不以人的意志为转移的，杀死泰不华的方国珍却以另一种方式完成着泰不华没有完成的事业：建书院、招人才、筑海塘、修桥梁、严刑罚，保证了浙东三府的安宁。1357 年 8 月方国珍欣然接受元朝升他为江浙参知政事兼海道运粮万户的任命；10 月率 5 万精兵受命征伐张士诚于昆山，七战七捷，迫使张士诚降元，并结成亲家，关系相对稳定。1358 年 5 月，元廷升方国珍为江浙行省左丞，赐衢国公印，以节钺浙东，兼海道运粮万户，以确保漕粮海道的畅通。1359 年 10 月，方国珍受元廷江浙行省平章，为元廷海运粮食。1360—1363 年，方国珍每年都把张士诚贡献的粮食海运到大都，缓解大都的粮食困难。元末元朝东南海道的畅通仰赖方国珍，元廷一再给方国珍升官。1365 年 9 月，方国珍接受元廷所封的淮南行省左丞相 .1366 年 9 月，改为江浙行省左丞相，国瑛、国珉、侄明善并为江浙行省平章政事。1367 年 12 月，向朱元璋奉表归降。

四、方国珍的政治遗产

（一）保境安民

方国珍在台州、温州、庆元（今宁波）三府保境安民 20 年，避免了战争的祸害，取而代之的是发展生产和贸易，大大改善了浙东的经济条件。一是围垦海塘。例如，松门的萧万户塘，大间的长沙塘、塘下塘、横山截塘，坞根的赵万户塘，楚门的能仁塘、东岙塘、江心塘、九眼塘、崇德塘、三山塘、吊山塘、花岩塘、渡头塘、枫林塘、上青塘、陈司徒塘等。这些海塘大多为方国珍割据浙东时所围。二是修建桥梁。在路桥、泽国水乡地带，方国珍在割据时期造了不少桥梁。如据清《嘉庆太平县志·地舆志》载，泽国“三衙桥即方衙桥，与黄境四衙桥皆洋山兄弟炽盛时建”。三是兴办学校，如黄岩羽山文献书院。四是推广植棉，形成“棉花寸土皆有，织机十室必有”的现象。五是发展海外贸易。

（二）重视海外贸易

海上盐贩出身的方国珍更熟悉大海，更能深切体会海上贸易对发展经济的重要作用。方国珍和子侄还拓展海上丝绸之路，发展商贸。史志记载，“明善颇循法度，而国璋、国瑛惟以买田、造舟、殖货为发家计”。方国珍曾联合苏杭一带富商，开设贸易口岸，大力开展与东南亚各国和朝鲜、日本的贸易。《高丽史》记载，他曾在至正十八年（1358 年）五月，十九年（1359 年）八月，二十四年（1364 年）六月，二十五年（1365 年）八月、十月五次派遣使者前往高丽。他治下的庆元成为当时重要的商贸中心、繁华之地。这种对经济和海外贸易的重视，是中国封建社会无数农民起义中的“台州特殊现象”，但可惜的是明朝建立不久，就实行严厉的海禁政策，“不许片甲入海”，从而与海洋贸易擦肩而过，丧失了历史机遇。

（三）奠定了明清海防观的思想基础

明代海防“卫所”制度理念源于台州，明洪武十七年(1384年)，信国公汤和奉命“巡视海上”，问计于出身台州“水师世家”的方鸣谦。方鸣谦，字德让，黄岩人。是元末第一支农民起义军领袖方国珍之弟国珉之子，元末归顺朱元璋。洪武元年（1368年），官授明威将军、广洋卫亲军指挥佥事，担任京城防卫重任十余年。方鸣谦明洪武间曾任广洋卫指挥，熟悉海上防务。方鸣谦建议："倭海上来，则海上御之耳。请量地远近，置卫所。陆聚步兵，水具战船，错置其间，俾倭不得入，人亦不得传岸，则可制矣。近海民四丁籍一以为军，戍守之，可无烦客兵也。"① 这就是著名的"御敌于海，固防于岸"的"戍海固岸"海防观。"御敌于海"，即置战船以巡海，御敌于海上；"固防于岸"，即选海岸要冲之地建卫所城以防守，达到"海陆兼防"。于是明朝政府在沿海筑城59座，添设卫所，民户四丁以上者以一丁为戍卒，充实海防。台州本来设有台州卫，洪武二十年又增设了海门卫和松门卫。海门卫下辖左、右、中、前、后五个千户所及健跳、桃渚和新河三个千户所，卫城和健跳、桃渚两处所城都在同年抢筑而成。这些卫所被称为"海上长城"，这为以后戚继光抗倭奠定了基础。

（四）方国珍部属成为整肃对象

方国珍投靠朱元璋后被授予广西行省左丞，方国珍领受俸禄，不上任，洪武七年（1374年）死于京城，得以善终。然而他的部属却没有这么幸运，方国珍的子女亲友也在其中。方国珍的部属们曾轰轰烈烈、有声有色地活着，而英雄末路，又令人黯然神伤。作为方国珍族人，其侄方行尽管已成文人，"说起兴亡吟不了，特敲松层问寒梅"，不关心政治，但仍因一首小诗被告发而被流放。作为方国珍起义的策源地，黄岩人被大

① 张廷玉．明史[M]．北京：中华书局，1974.

批流放，这是极其悲惨的一幕。“余部和台州府县官吏两百余人迁徙安徽滁州屯田”，而在逼迫下迁徙的民众达十余万人，黄岩十室九空[①]。据《太祖实录》记载，明太祖朱元璋得方国珍降卒 9 200 人，水军 14 300 人，官吏 650 人。《明史》记载，打台州的明将汤和又得卒 24 000 人。洪武三年（1370 年）朱元璋怕死灰复燃，又叫靖海侯吴贞来台、温收编方国珍部下以及船户一共 11 万余人去充实各卫所[②]。但一下子迁走这么多人，对黄岩的经济文化打击很大。

同时，在台州一带还有方国珍的不少余部“入海剽掠”，并往往“勾倭为寇”，并逐渐形成倭患。为防方国珍余部在沿海为寇作乱和倭寇的侵扰，明朝实行严厉的海禁政策，不许民间经营海上贸易。倭患与海禁对台州及东南沿海社会经济发展带来重大的灾难。

第五节　王棻雅集修禊地

王棻（1828—1899 年），字子庄，号耘轩，黄岩城东柔桥村人。1862 年为优贡生，同治六年中举人。后两次应试不第，遂一意讲学论著，“吾无意作官，恐得一令，更累我也”，以“左交许郑右程朱，要使滨海变邹鲁”作为教育宗旨，以发明学术、表彰先贤、启迪后进为终生之志，历任黄岩九峰、清献和文达，

---

① 朱幼棣 . 淡出九峰 [M]. 北京：中国友谊出版公司，2017.

② 池太宁 . 黄岩寻踪 [M] 北京：中国文史出版社，2012.

处州莲城，温州中山、东山、肄经，太平宗文，临海正学，江西南昌经训等书院山长。

一、背景

修禊是一种古老的祭祀习俗，这一风俗的形成可以追溯到西周时期。据《周礼·春官》记载："女巫掌岁时祓除衅浴。"郑玄注释为："岁时祓除，如今三月上巳如水上之类。衅浴，谓以香熏草药沐浴。"可见修禊最初是作为一种带有祭祀沐浴的宗教性质及除污去垢的民俗意蕴的全民性活动，是一种"生命的仪典"。在此后的流传过程中，修禊活动不断发展演变，逐渐从一种民间风俗转化为文人雅集的活动。"暮春者，春服既成，冠者五六人，童子六七人，浴乎沂，风乎舞雩，咏而归"。孔子的沂雩之游为修禊活动奠定了基础。东晋王羲之发起的兰亭修禊是这一转变的关键性标志。兰亭修禊中曲水流觞的雅集形式和即席赋诗的文学意趣给后世文人带来了深远的影响。

历史上，黄岩就有文人雅集的传统。明弘治十一年（1498年），曾任吉安节推的管茂玉罢官回到故里黄岩，他与和州通判王桓、国子监祭酒谢铎等九位告老还乡的同年常聚一起，诗词唱和。他们仿唐代白居易晚年闲居洛阳时与胡杲、刘贞、李元爽、僧如满等九位文士结成"香山九老"的模式，也组成文人团体，自称"九峰九老会"，还邀请当时台州府推官盛广参加，他们经常汇聚九峰，饮酒品茶谈诗论画[①]。清同治十年（1871

① 李江月，管彦达 . 九峰九老集 [M]. 北京：中国文联出版社，2012.

年），黄岩举行了“重阳节九老会”，这次庆贺宴会时间选在九月九日，盛况空前。王棻也参加了这次聚会，并在《柔桥文钞·与王韬甫书》中记载下来。

1895年，甲午战争失败，中华民族出现严重的危机。1898年，戊戌变法失败，面对内外交困，民族危机，江伯震等一批黄岩文人向县令关钟衡提出募资重建年久圮废的崇节祠，在唐门山将军岩上镌刻“元魏国公忠介尽节处”，并在江边筑堤，祠前砌塘，“石潭澄澈如镜，方塘大旱不涸。江边筑堤里许，杂植桃柳其上，舟行指点，俨如画图，为登临之胜处”，使之成了临水修禊、雅集寻芳的佳处。光绪二十五年（1899年）三月三日，王棻携二十学子在唐门修禊雅集，崇节表忠，并撰《唐门修禊记》（图3-3）。

光緒二十有五年歲在己亥三月三日會于台州黃巖之唐門祀元魏國忠介
公于崇節祠且修禊也其地在縣東北五里有巖其顛號曰將軍雙塔冠其上
澄江逕其下方池汲其前新河襟其外崇山茂林清流激湍帶繞而有之矣是日
也時和氣清風物閑美淡雲微雨爲養花之天春日光風得尋芳之地徵江山
之勝攬挹竹柏之清標致足樂也予嘗上下今古竊謂詩志有沂雩之遊蓋在
孔子自衛反魯之明年戊午之歲至永和癸丑八百三十六年而有山陰蘭亭
之集由晉癸丑迄元至正庚子千有八載而有倪鐵崖綺岡湖之會自元庚子至
今光緒己亥五百四十年而有唐門之集上溯沂水舞雩之遊蓋二千三百八
十餘年矣然沂雩蘭亭綺岡皆一時之事改歲之後不復聚爲今則崇祀忠節
景慕前修風厲多士歲以爲常當國家承平江山清晏自茲以往繼繼歷千禩
如一日爾彼游覲之樂俛仰之間已爲陳迹而忠義之氣千載如生以視蘭亭
已矣梓澤邸塲者豈可同年而語也哉且沂雩之遊童冠十二三人而詠歸之

柔橋文鈔 卷十五 雜記 二十五

詩不傳爲永和至正則皆四十二人其賦詩者皆二十六元三十一遺什流傳
尚在人口今會者二十人雖不及晉元之多而已踰于孔門之數至于詩之成
與不成則繼其人之自爲不爲金谷之罰酒也嗟乎當周之東天下既莫能宗
孔子孔子亦不求仕故樂與及門賢哲倚徉舞雩沂水之間以終老其身至
蘭亭之集則謝安實爲之首其後出爲世用折桓溫之氣挫苻秦之兵輔晉中
興勳業爛焉若夫綺岡湖之會羽庭劉仁本實主其事羽庭乃心王室而所輔
非人卒以致敗其可嘆也且羽庭所輔者方氏也而忠介所討者亦方氏也羽
庭欲輔方氏以忠于元而方氏不能用以至于敗忠介欲討方氏以忠于元而
志大才疏卒爲方氏所害君子尤嘆之然此二人皆孤忠勁節大義凜然自足
千古固未可以成敗論人也今吾與諸賢幸生清室中興之世宜可游詠林泉
翛然自得矣適者敵國外患紛至沓來不知諸賢之中誰能建肥水之勳誰則
懷東山之志庶幾處爲小草出爲遠志而足食足兵興禮興樂內治修而遠人

柔橋文鈔

图 3-3 《唐门修禊记》

二、主要内容

（一）传承风流，通会群哲

自兰亭雅集后，文人士流的雅集文化一直非常盛行，“从翰苑高层到世家名流，从文艺界到更广大的社会各界，从书画赏鉴到歌诗赋咏，从聚赏良辰美景到赋歌践行送远等等，层次多元、形式繁多”[①]。但在王棻心中只有沂雩之游、兰亭雅集、秘图湖之会和唐门修禊等有相通之处。从时间上看，沂雩之游与兰亭之集相距 836 年，“续兰亭会”召开于至正庚子年（1360 年）春，与东晋“兰亭会”相距 1 008 年，唐门修禊则举行于光绪己亥年（1899 年），距秘图湖之会 540 年，距沂雩之游已有 2 800 余年了。

尽管时间相距甚远，但集会的具体时间、地点、天气等客观因素却大致相同。时间上，王羲之在《兰亭集序》中说“永和九年，岁在癸丑。暮春之初，会于会稽山阴之兰亭，修禊事也”。刘仁本作《续兰亭诗序》也写到他们聚集的时间在“三月初吉”。王棻的《唐门修禊记》记载“光绪二十有五年，岁在己亥三月三日，会于台州黄岩之唐门，祀元魏国公忠介于崇节祠，且修禊也”。修禊地点环境也大致相同，王羲之聚会的兰亭“此地有崇山峻岭，茂林修竹，又有清流激湍，映带左右”。在“会稽之余姚州，与山阴邻壤”的秘图湖，刘仁本建造了雩咏亭，“水出岩罅，潴为方沼，疏为流泉，卉木丛茂，行列紫薇，间以篁竹，仿佛乎兰亭景状”。而唐门“双塔冠其上，澄江泾其下，方池浸其前，

① 邱江宁，宋启凤．论元代“续兰亭会”[J]．江苏社会科学，2013（6）：185-190.

新河襟其外，崇山茂林，清流映带兼而有之”。聚会那天的天气也非常相似：永和九年“天朗气清，惠风和畅”；秘图湖之会时，“天气清淑，东风扇和，日景明丽”；唐门修禊时，“时和气清，风物闲美，淡云微雨”。但与前两次集会相比，唐门雅集在出席人数和人员构成上有所不同。前两次都是42人，兰亭集会汇集了当时军政首脑和文化高层，如谢安、谢瑰、孙绰、李充、许询、支遁、郗昙等；秘图湖之会则有谢理、赵傲、朱右、王霖、褚炯、徐昭文等江南名士。而唐门集会仅仅是王棻和他的二十名学生，人员少，构成单一。

（二）崇节表忠，彰显主题

王棻认为，“沂雩、兰亭、秘图皆一时之事，改岁之后不复举焉”，如沂雩、兰亭、秘图一觞一咏，留下的诗句已经不多了，“沂雩之游，童冠十二三人，而咏归之，诗不传焉。永和、至正则皆四十二人，其赋诗者晋二十六，元三十一，遗什留传尚在人口”。而唐门修禊不在乎诗成与不成，主要是“祀元魏国公忠介”，而且“崇祀忠节，景慕前修，风历多士，岁以为常”。这与王棻本人的个人气质有关，他博学通经，崇尚宋明理学，赞颂民族气节，常以抗清志士吕留良等人的事迹教育学生，提倡读书应明理义，不是为做官。王棻在《台学统叙录》中指出：“性理（理学）者，六经之道也；经济者，六经之用也；词章者，六经之文也；训诂者，六经之学也……（儒学）其大本则曰‘气节’，其大用则在‘躬行’。”因而他将“气节”冠于台州儒学六派之首。所以，崇祀忠节是唐门修禊的核心内容，也是王棻学术思想的外在表现。

（三）忠义治世，品评人物

唐门山历史文化深厚，历史人物众多，如泰不华、方国珍、刘仁本等。王棻基于他的地主阶级立场和崇尚气节理念，对农民起义领袖方国珍极力贬低：“方氏海上乱民也，迹其抗师拒命，焚毁官亭民舍，维时邑民受其荼毒者，何异于绿林黄巾之惨，……然犹谓之据有六州，方氏而不谓之寇盗，何哉？”王棻的观点也影响了后人，导致后人对方国珍的评价不是很高，有的说他“在整个起义过程中的表现都不好”；有的说他是“诡计多端的两面派”；有的说“当南方起义军取得一定战果之后，起义军将领也在急剧地蜕变，张士诚、方国珍、陈友谅等各部首领忙于划分势力范围，割据地方，根本无意北伐。更有甚者，方国珍、张士诚竟然接受元朝的官职，派军队攻打北方起义军”等。这些评价都是基于阶级观点的结果。我们应该坚持生产力观点和人民性观点，只要有利于生产力的发展，有利于人民生活水平的提高，就应予以肯定。

但对方国珍的高参刘仁本，王棻虽然对他“心王室而所辅非人，卒以致败”表示惋惜，但对他保境安民的理论和实践赞赏有加。王棻在《台学统》中写道：“刘羽庭以一介书生入方氏之幕……况当戎马倥偬之时，独能笃志儒修，振兴文教，既创书院于黄岩，复于奉化、定海可尊敬修学之举，则津津然乐道之至。若刊定武帖、续兰亭会，虽皆不急之务，然其文采风流，亦足辉映千古矣！”对于他坚决反对方国珍投降朱元璋，并被朱元璋鞭背溃烂而死，至死不降的忠节予以高度评价，称之为“孤忠劲节、大义凛然”。确实，刘仁本本着为元朝廷效力的原则，致力于国计民生，在治理政事方面颇有建树。作为幕僚，刘仁本建议方国珍多行善政，实施“保境安民”战略；作为文人，至正二十年(1360年)三月初吉，举办续兰亭诗会，参会者42人。此举在元末浙东影响甚大，甚至确立了刘仁本在浙东文坛上的领导地位。至正二十三年（1363年），他向行省申请创立黄岩文献书院，促进了当地文化的发展。然而，我们应该看到刘仁本是方国珍的幕僚，他的主张只有通过方国珍的首肯才能实施，因此“保境安民”功在方国珍。

对于泰不华，王棨认为其“志大才疏，卒为方氏所害”，这个评价应该是客观的。这里的“志大”指的是他一心想剿灭方国珍，为国分忧；“才疏”指他没有军事才能，最后兵败身亡。有人以泰不华担任浙东道宣慰使都元帅、台州路达鲁花赤等军事职务而评价他为“铁血儒帅”①，这是不符合实际的。笔者认为泰不华乃一文官，不谙军事，历史上评价他“以科名甲天下”“以行义著朝端”。他出任浙东道宣慰使都元帅是官场排挤的结果，出任台州路达鲁花赤是被贬的结果。从战略上看，他只是一个坚定的主剿派，对元军的实力、方国珍部的特点和战略意图没有充分的把握，在战场上也没取得实质性的胜利。在具体的战术中，采用的是刺杀和诱捕的手段，忠勇有余，智谋不足，结果在一次冒险的诱降中被方国珍部下杀死。但他对朝廷的忠诚、以身报国的决心、身先士卒的勇气、视死如归的气概、忠君报国的精神赢得了朝廷的嘉奖、文人的哀悼和后世的敬仰，这也是王棨所看重的。浙江宁绍台道仪征吴引孙在《台州重建崇节祠记》中表述的“夫人臣能忠于所事，则朝廷尊，朝廷尊则天

---

① 张良．铁血儒帅——解读历史烟云里的泰不华[N]. 今日黄岩，2017-02-15（4）.

下治，天下治则百姓安，所以圣人设教必褒忠而重节以风世也”的“忠义治世”思想与王棻的思想是一致的。所以王棻在《台学统》中将泰不华收录到气节门忠节目当中，对他的忠节颂扬有加。

（四）关注国事，召唤英雄

“醉翁之意不在酒”，修禊雅集表面上是一场喝酒吟诗的风流集会，但实质上有很强的政治意味。沂雩之游，是“当周之东天下，既莫能宗孔子，孔子也不求仕……以终老其身”，是孔子政治失意的无奈之举。王羲之兰亭雅集是商讨着恢复中原的大事，“谢安实为之首，其后出为世用，折桓温之气，挫符秦之兵。辅晋中兴，动业灿焉”。秘图湖之会是代表了刘仁本等一批东南士流心系大都，努力于地方文化建设，期望恢复社会秩序的愿景[①]。唐门修禊则是王棻思想的一次升华。“闭口不谈天下事，潜心唯读圣贤书”的王棻面对19世纪末国内外危机，开始从经学中走出来，以实际行动关注国事，以挽救民族危亡，他常“慨悼时难，心存忧国，著《国倾》一篇，劝百讽一，寓规于颂”，义愤填膺“金瓯固胜金汤，孰般瓜分我边疆”，发出“诸贤之中谁能建淝水之功，谁则怀东山之志，庶几处为小草，出为远志，而足食足兵，兴礼兴乐，内治修而远人服”的呼吁，希望他的学生能够挺身而出，学习谢安东山再起，建丰功伟业，挽救民族危亡。

“已亥暮春修禊祀，翩翩翔集二十士。崇节表忠恭桑梓，千秋万岁长如此。”斯人已去，精神长留。

---

① 邱江宁，宋启凤．论元代“续兰亭会”[J]．江苏社会科学，2013（6）：185-190.

第六节　和合文化地

中华和合文化源远流长，和、合二字都见之于甲骨文和金文。和的初义是声音相应和谐，合的本义是上下唇的合拢。就词义本身而言，“和”，指和谐、和平、祥和；“合”是结合、合作、融合。和合文化是中华文化精髓之一，“礼之用，和为贵”“君子和而不同，小人同而不和”是儒家的和合观。道家创始人老子提出“万物负阴而抱阳，冲气以为和”，认为和是宇宙万物的本质以及天地万物生存的基础。墨子认为和合是处理人与社会关系的根本原理，指出天下不安定的原因在于父子兄弟结怨仇，而有离散之心，所以“离散不能相和合”。传统文化“贵和尚中、善解能容、厚德载物、和而不同”的宽容品格，是我们民族所追求的一种文化理念，也是人类古往今来孜孜以求的自然、社会文明中诸多元素之间的理想关系状态。唐门山文化充分体现了中华和合文化。

一、与自然环境的和合

从风水学的角度看，风水塔一般坐落于聚落盆地的山顶或河流出入的水口，是为改造或补全地势缺陷从而达到“镇煞压邪”“藏风得水”“倡人文”的目的。“丹崖形胜地，众水下唐门”。唐门山地处永宁江的水口，“东亘海门，西控岩溪二水，环绕如两翼，然而山峙其中，当城之左臂”，而“水口无厄塞，邑城无艮峰，亦地之所不足也”。《易》曰：“成天地之道，辅相天地之宜，以左右民。”需要在实践中通过人力来弥补地理的不足，建塔以“扼邑之门户而为之锁钥也”。

从景观的角度看，双塔装点江山，山、水、塔等相互依赖、相互协调所达到的浑然天成、融洽无间，是多样化、异质性的高度统一，是一种和谐之美。“唐门双塔文光萃，恰与方山双塔对。一湾流水绕岩流，千尺翠屏遥送翠”的整体格局，就是和合山水情怀的一个经典，成为黄岩城的一道风景。有了塔影点缀的山河便彰显出钟灵毓秀的气质，风水塔亦为一邑一郡一乡之华表。

由于地理的原因，府城、省城、京城都在黄岩北面，黄岩外出的主通道位于北边。陆路是台温古道，过北门，越过黄土岭至临海。水路沿永宁江东下过三江口，顺椒江而下海门或逆椒江去府城临海。直到 20 世纪 60 年代，还有客轮通往椒江和临海。无论从水路还是陆路进出，唐门双塔就是黄城一邑最先或最后看到的地标，从而成为远离故乡的游子心中最柔软的所在。唐门双塔是地方的标志物，它与当地每个家庭历史的固定和长期的联系赋予了这个地点一种特殊的记忆力，这就是称之为“家乡”的地方记忆。“更深眠未得，塔火对船明”，是清代黄岩廪生邬应溥笔下唐门山下的景致。“螟到唐门谁掌讶，老愁仍籍酒本烧”，是清举人、萃华书院院长蒋履的期许。而对于我国著名的卫生防疫专家朱智勇先生来说，唐门双塔是他长达半个世纪乡愁里的第一精神地标，有着不可代替的含义：

“离开家乡过大桥时，初晨雨后的双宝珠美景使我非常激动，这一情景永远深深刻在我的脑海中”。这一地标让他感到这片土地别样的亲情。从少小离家的最后一瞥，到年老时的深情凝望，双宝珠一直给予他灵魂的抚慰，始终让他记起自己人生的来路！“唐门之山旷而幽，唐门之水清且浏，生不能若东坡学士赤壁游，洞箫呜呜吹清秋，又不能若士雅渡江手击楫，逝吞胡羯复神州。”唐门双塔、王林洋海战遗址、元魏国公忠介尽节处等丰富的历史文化遗址赋予了唐门山特殊的内涵，尊文重教、“台州式硬气”、爱国主义思想等成为一种集体的文化记忆，从而形成文化乡愁，表达出对文化传承、历史传统的认同。

从实用角度看，永宁江通江达海，水上交通发达。唐门双塔自建成的那天起，就起了航标的作用，它告诉船家，黄岩就要到了，要放下风帆，保证安全。同时，水口是古人筑坝治水的地方。黄岩负山濒海，永宁江上游水流湍急，难以蓄水。下游又受潮汐顶托，淤泥壅塞，泄流不畅。中部地势低洼，洪涝、干旱灾害频繁。因此，当地有“水利兴则黄岩无旱涝之灾，黄岩熟则台州无饥馑之苦”之说。自宋罗适、朱熹开始，浚河建闸成为历代地方官的主要任务。为一劳永逸地解决水患问题，清朝末年人们把目光投向了永宁江的水口唐门山。“盖澄江自黄岩溪而来，合万山之水，经百里之地，大潦不溢，大旱不涸，诚筑闸坝于此（唐门），以遏潮淤而固风气，则东南两官河皆足永保其利，而民风士气亦必蒸蒸日上矣。”可惜由于政局变乱，这一想法没有付诸实施。

二、人与社会的和合

古人有盛世修塔的传统，建塔的地址一般选在县城附近风光秀丽的地方。对地方官来说，发展地方文化教育事业是他的主要职责，而修塔则是其表达对文教重视的一种形式，“补山水之形胜，助文风之盛兴”。“贤宰当年雅好奇，不惜金钱双塔立”就是当年县令袁应祺希冀文运昌盛的真实写照。对读书人来说，文峰塔能起暗示作用，举文笔，成文星，促进考取功名的信心，是他们的膜拜瞻仰之地；对文人墨客来说，塔是精神的象征，可以将天和地、山与水维系在一起，给人一种高低错落、动静相宜的艺术享受，激发其创作灵感；对普通百姓来说，佛是至善至大威力无边的，佛塔是佛的象征，是人们心目中具有神威的物像，是力量和权力的象征，它威震一方，显赫一时，可以镇一方妖邪，佑一方平安。

早期的塔是印度佛教的建筑形式，称作“窣堵波”，原为佛教高僧的埋骨建筑。佛教中国化之后，塔融入了汉文化的建筑风格。从 14 世纪开始，塔的使用逐渐世俗化，成为堪舆学中常用的一种镇物，因其庞大的体量、高耸的身姿和神圣的属性成为造风水的不二之选。明清时期，风水观念深入民心。“造风水”的手法很是契合了民众急迫想要改变这种先天不足的生存环境的心态。“塔存而文运兴，塔毁而文运衰”等都在强调水口无关锁导致文运走泄，塔倒使文运不昌，因此每次都以“兴文运”为由提议复建。唐门双塔屡毁屡建，既有官府的倡导，也有地方文化精英的大力推动，反映了当时官员、学者甚至民众都希望能多通过科举选拔进入仕途的心理，反映了当时社会的价值取向。

三、人与人的和合

古代先民感慨为民、护民的清官、好官、志士仁人，由此形成了“乡民既惊为异事，又感其遗德，由是讴思景仰，立庙以祀”的遗风。立庙树祠是封建王朝对于有重大功勋大臣的特殊性表彰，以供后世瞻仰，传承其精神。

崇节祠是朝廷为表彰泰不华的忠义死节而建立的。但元朝很快灭亡，蒙古势力退回北方，泰不华后裔也从台州迁往江苏镇江一带，崇节祠也在历史的烟云中逐渐湮灭。但每当国难当头、民族危机之时，文人学士都会想到这里凭吊。“祠墓今安在，荒凉泪欲潸”是清代冯赓雪的感怀；“父老至今辉俎豆，精灵终古镇苍溪”则是清代冯毓俊的礼赞。

方国珍在统治阶级心目中是一个海盗，是被极力贬低的历史人物，但在当地百姓心中，他是农民起义军的领袖，“保境三州兴水利，修文东海续兰亭。方家坫上英雄出，留待乡亲话到今”。方国珍安定了台州、温州、庆元（今宁波）后就致力于保境安民，休养生息，鼓励农工商学，轻徭薄敛，办学堂，筑塘堤，建桥梁，百姓安居乐业。比起战事频繁的中原，浙东可谓天堂。明初宋濂写的《方公神道碑铭》，称他是“惟公挺生，人中之豪。功在三府，其惠孔昭”，肯定了方国珍保境安民的功绩。方国珍的保境安民战略不但赢得了普通百姓的称赞，而且得到了猜忌心很重的朱元璋的理解，并得以善终，这也是方国珍政治智慧的表现。

崇节祠被毁后，当地百姓在永宁江边建造了一座将军庙，主殿祭方国珍兄弟，副殿祭泰不华。从崇节祠到将军庙，从祭祀泰不华到供奉泰不华和方国珍，生前有不共戴天之仇的两人死后却坐在一起接受人们的顶礼膜拜，不正是台州和合文化的体现吗？因为在台州人的心目中，无论是尽节报国、为国捐躯的泰不华，还是抗元首义、守望东南、保境安民的方国珍，都是他们心目中的英雄。

台州是中华和合文化主要发祥地之一，唐门山和合文化为“和合圣地”台州提供了新的典型范例和鲜活样本。和合文化的核心价值着重体现在人与自然和谐、人与人和谐、人自我身心和谐，是社会主义核心价值观的重要内容。深入挖掘、阐发、弘扬中华和合文化的时代价值，以增强社会正能量，培育和弘扬社会主义核心价值观，为同心共筑中国梦提供丰润的道德滋养。

第四章
唐门山文化精神

地域文化是一个地区独特文化的继承，见证了一个地区的历史变迁，是一个地区的文化得以弘扬和发展的重要基础。“地域文化作为一个三维概念，在以时间为经、地理空间为纬的平面二维系中加入文化这一向量，构成了立体空间系。”因此，地域文化具有非常鲜明的时代特征。随着时代的发展，地域文化与时俱进，不断创新发展，具有显著的时代价值。

第一节　“台州式硬气”

“这只要一看那台州式的硬气就知道，而且颇有的迂迂，有时会令我忽而想到方孝孺，觉得好像也有些这模样的。”这是鲁迅先生对台州仁人志士秉性和气质的一种高度概括。

“台州式硬气”是台州这一地域范围内古今人物的群体画像，是由台州独特的地理环境和人文环境决定的。从地理环境上看，台州三面环山，一面濒海，形成了相对独立的地理环境。我国人文地理学的开山祖师、明代的王士性说：“浙中惟台一郡连山，围在海外，另一乾坤。其地东负海，西括苍山高三十里，渐北则为天姥、天台诸山，去四明入海，南则为永嘉诸山，去雁荡入海。舟楫不通，商贾不行，其地止农与渔，眼不习上国之奢华，故其俗尤朴茂近古。”“山谷之民，石气所钟”，形成了“民性强悍，人不畏死”之硬气。从人文环境上看，越族素有“处危争死”“轻死易发”的传统，东晋“永嘉南渡”与宋代“靖康南渡”，不少移民聚居台州，中原文化、齐鲁文化与台州本土硬气相融合，孕育了粗犷豪气与刚正不阿的浩然正气。加上宋明理学重性理之学，自宋以降，民唯耕农是尚，人重节义，洁操刚烈，勇往直前，风气所致，至今犹然。

一、方国珍抗元首义显硬气

元朝末年，帝位纷争，权臣当道，祸乱朝纲，国家衰弱。官吏贪腐枉法成风，权贵豪强兼并土地，广大农民失去生计。史载：“江南富户，止靠田土。因买田土，方有地客。”所谓地客，即良民。“主家科派，其害甚于官司差发。若地客生男，便供奴役；若有女子，便为婢使，或者妻妾。将佃客计其口数，立契或典或卖，不立年分，与买卖驱口无异。间有略畏公法者，将些少荒远田地，夹带佃户典卖，称是‘随田佃客’，立行立契外，另行私立文约”。地主肆意奴役佃农，阶级矛盾尖锐。陶宗仪《辍耕录》载有浙东流传的民谣“天高皇帝远，民少相公多；一日三遍打，不反待如何”，就是民众反元心声的反映。1348 年 11 月，方国珍一家人在遭到仇人诬告、上诉无果、官府急捕之时，奋起抗击。方国珍以桌为盾，以杠为矛击杀巡检，并与家人商量：“朝廷失政，统兵者玩寇，区区小丑不能平，天下乱自此始。今酷吏藉之为奸，媒蘗及良民。吾若束手就毙，一家枉作泉下鬼，不若入海为得计耳。”（宋濂《故资善大夫广西等处行中书省左丞方公神道碑铭》）没几天就得到了数千人的支持，揭开了元末农民起义的序幕。方国珍首义反元，比刘福通、徐寿辉等起义早两三年，比郭子兴（后来朱元璋加入）起义早四年。清人傅维鳞《明书·方国珍记》评论道：“初，国珍之发难黄岩也，……辄诛仇结众，凌风卷雾于江海之陬，不可谓非云雷之壮烈焉！叱咤数年，始多控弦勒骑之举。是亡元者，国珍也”，肯定了方国珍首义抗元的壮举。方国珍不向邪恶低头，替天行道，救民于水火，首义抗元。方国珍占据浙东三郡后，守望东南，保境安民，让百姓安居乐业，充分体现了他身上的“台州式硬气”。

方国珍据有浙东三郡后，章子善建言方国珍称王称霸：“治乱有循环之势，夷狄无百年之运，元数将极，不待智者而后知。今豪杰并起，有分裂之势，足下奋袂一呼，千百之舟、数十万之众可立而待，溯江而上，则南北中绝，擅馈运之粟，舟师四出，则青徐、辽海、闽广、瓯越，可传檄而定。审能行此，人心有所属而伯业可成也。”（宋濂《故资善大夫广西等处行中书省左丞方公神道碑铭》）而方国珍的回答是：“保境安民，以俟真人之出，斯吾志也。”明确地表明自己的志向是保境安民，等待真命天子的出现。后世史学家对此颇有微词，认为方国珍目光短浅，如明代高岱《鸿猷录·平方谷珍》中说：“元末诸雄，惟谷珍举事最早，其所就业最微，观其所营，盖反复狙诈人耳，非有长驾远驭之才，取威定霸之略。”确实，历史上的农民起义多数是称王的，元末农民起义的群雄也多称王，以图霸业。韩林儿称小明王，陈友谅称汉王，张士诚称吴王，然而，又有几人成功？方国珍做出这样的决定源于对自己实力的估计，他明白自己的实力主要是水军，擅长海战。《续资治通鉴》卷第二百十六："方国珍……以水为命，一闻兵至，挈家航海。中原步骑，无如之何。彼则寇东掠西，捕之不得，招之不可。"离开海洋争夺中原对他来说，既无能力也无实力。"国珍地小力少，不足以张国，饷匮援绝，不足以待敌"，这样的评价是客观的。"台州式硬气"绝不是毫无原则的硬碰硬，而是从实际出发的务实作风。

二、敢于"太岁"头上动土的泰不华

泰不华从小在台州长大，接受的是台州大儒周仁荣的教育，台州的山水滋养了他的身体，净化了他的心灵，"台州式硬气"在他心中已是根深蒂固。历史上则称其"尚气节，不随俗浮沉，每当论大事，决大疑，挺正不阿，凛然有直士风。"时人称赞他"洁白之操，寒于冰霜；清明之躬，炳乎日月"。

元惠宗孛儿只斤·妥懽帖睦尔即位时，加封文宗皇后为太皇太后，迫于势力，又将大臣燕铁木儿、伯颜列土封王。泰不华出于对朝廷典章制度、礼仪规范的维护，出于对朝廷盛行的滥赏之风的不满，出于对国家财政的担忧，敢于在"太岁"头上动土，率领朝中同僚上疏谏止，称"婶母不宜加徽称，相臣不当受王土"。太后听了大怒，下令将规谏此事的人都杀了。泰不华不惧生死，大义凛然地对众人道："此事自我发之，甘受诛戮，绝不敢累诸公。"最后太后只得让步，转怒为喜，说："风宪有臣如此，岂不能守祖宗之法乎？"结果竟然赏赐泰不华金币二枚，以表彰其直言敢谏。泰不华任江浙行省左、右司郎中时，浙西大水成灾，灾民遍野，食不果腹，但官府仍在征缴租赋，令百姓于艰难之时雪上加霜。泰不华为此入朝，向中书极力申诉，要求免除灾害地区的租赋。至正元年（1341 年），泰不华出任绍兴路总管。在任上，他革除吏治弊端，废除官牛租，施行均赋役，并教化民众讲礼教、兴仁让，使越地民俗大为开化。同僚太平被谏官弹劾，人人避之不及，唯独泰不华凛然为他践行，一直送至都门外。太平劝他止步，免受连累。泰不华正色道："士为知己死，宁畏祸耶！"泰不华身上表现出来的正直、节义、忠信，不就是"台州式硬气"吗？

"台州式硬气"是台州地域精神的集中体现，也是台州经济社会飞速发展的精神动力。1982 年，全国第一家经工商局注册的股份合作企业在台州诞生；1986 年，全国第一个支持股份合作企业发展的政府文件在台州黄岩下发；1987 年，台州党委政府明确提出"取两南（苏南、浙南）之长，走自己的路，大力发展股份合作经济"的战略口号。当时，台州还广泛流传着"山高路难跑，想富门难找；若要想致富，劳力往外跑""出门才好赚钞票""要想富，出门补鞋卖豆腐"等顺口溜。台州的草根经济就这样在一批不等不靠、敢闯敢为的泥腿子们走南闯北、含辛茹苦的劳作中诞生了。一大批台州人外出闯荡，他们不仅实现了自己独立的劳动力产权，而且积累了资本，学会了市场经营，还造就了吉利、飞跃、星星、苏泊尔、宝石等一批著名的民营品牌和李书福、邱继宝、叶仙玉、苏显泽、阮小明等一批有胆有识的企业家，培育和锻炼出了一支具有创业创新精神的台州商人大军[①]。台州企业家敢闯敢试的勇气、不屈不挠的毅

① 胡斯球．台州翻天覆地六十年（1949–2009）．长春：吉林大学出版社，2009,296.

力、多谋善断的经营能力，以及从草根到英雄的传奇故事，成就了改革开放的“台州模式”。

第二节　爱国主义精神

爱国主义精神是指个人或集体对祖国的一种积极和支持的态度，集中表现为民族自尊心和民族自信心，为保卫祖国和争取祖国独立富强而献身的奋斗精神。爱国主义不仅体现在政治、法律、道德、艺术、宗教等各种意识形态和上层建筑中，而且渗透到社会生活的各个方面，成为影响民族和国家命运的重要因素。

在中华民族几千年绵延发展的历史长河中，爱国主义始终是激昂的主旋律，始终是激励我国各族人民自强不息的强大力量。传统文化尤其是儒家文化的熏陶培育了台州人强烈的民族自尊心和刚正不阿的浩然之气。每个国家命运多舛、民族危亡的时刻，也是台州历代正直知识分子坚持正义、崇尚忠节之时。

一、泰不华为国尽节

在元末的战乱中，很多官员或望风奔溃，或战败而逃，像泰不华这样“挺然抗击”“秉节而死”的官员凤毛麟角。“夫元当至正之末，天下事已不可为，公终不以不可为而不为。”

当家乡发生农民起义时，他及时向朝廷上招捕之策，主张及时镇压；当他受奸臣排挤，让他一个不谙军事的文官出使浙东道宣慰使都元帅领兵镇压农民起义时，他没有推诿，毅然前往；当面对强敌时，他语众曰："吾以书生登显要，诚虑负所学。今守海隅，贼甫招徕，又复为变，君辈助我击之，其克则汝众功也，不克则我尽死以报国耳。"表达出了以身报国的决心；当与敌人近身肉搏时，他"即前搏贼船，射死五人，贼跃入船，复斫死二人，贼举槊来刺，辄斫折之。贼群至，欲抱持过国珍船，泰不华嗔目叱之，脱起，夺贼刀，又杀二人"，在战斗中表现出了身先士卒的勇气和视死如归的气概。忠君为民、舍身报国的爱国主义精神在这样一个深受汉族儒家文化熏陶的少数民族后裔身上得到了很好的体现。"若使临危图苟免，读书端为丈夫羞"正是他爱国主义精神的最好写照。为表彰泰不华的忠君报国，元朝政府追赠他荣禄大夫、江浙行省平章政事、柱国，封魏国公，谥忠介，立庙台州，赐额"崇节"。从此，唐门山崇节祠就成为了历代士人崇节表忠的地方。

二、关钟衡重建崇节祠

1895年，甲午战争失败，中华民族出现严重的危机。这一年，黄岩迎来了新的县令关钟衡。关钟衡，广西平东人，光绪二十一年（1895年）至二十三年任知县，主持疏浚官河，筑金字坝，建外东浦闸，围筑海塘，亲临工地，力排众议，坚持不懈，沿海居民深感其德。他又礼贤下士，兴利除弊，在任内百废俱兴，盗贼匿迹。在海门教案上亦坚持原则，打击教痞，据理判案。

离任后，百姓在下塘港关帝庙边为之建生祠，俗称“双关庙”，在西江别墅也建了生祠，王舟瑶还为之作序赠行。

1898 年，戊戌变法失败，面对内外交困，民族危机，江伯震等一批黄岩文人发现崇节祠年久浸废，觉得“公（泰不华）故以进士第一人及第，文章门阀之盛，一时无比，又能完节，宜后人思慕不置如此”，于是向县令关钟衡提出募资重建年久圮废的崇节祠。建成后，钦加二品顶戴的浙江宁绍台道仪征吴引孙撰《台州重建崇节祠记》：“夫人臣能忠于所事，则朝廷尊，朝廷尊则天下治，天下治则百姓安，所以圣人设教必褒忠而重节以风世也。”阐述了“忠义治世”的观点。县令关钟衡“率邑贤士大夫为文以祭之”，盛况空前。江伯震又在将军岩上书刻“元魏国公忠介尽节处”九个大字，呼唤英雄，感召国人。

1903 年，浙江巡抚翁曾桂根据黄岩江伯震等人的联名柬称，根据元史记载的情况，奏请将崇节祠列入祀典，春秋官为致祭。七月廿三日奉朱批允准。一时间，唐门山成为了英雄之山，爱国之山，多少仁人志士前往凭吊励志，赋诗感怀。

三、王棻唐门崇节表忠

王棻论学不立门户，敢于接受新思想、新观念。“西人绝艺与天通，天下群英拜下风。欲取声光电化学，坐收格致治平功。”在科举盛行的晚清，这种思想实属难能可贵。教育上王棻重视爱国，崇尚气节。在“敌国外患纷至沓来”的光绪二十五年（1899年）三月三日，王棻携二十学子唐门修褉雅集，崇节表忠，发出“诸贤之中谁能建淝水之功，谁则怀东山之志，庶几处为小草，出为远志，而足食足兵，兴礼兴乐，内治修而远人服”的呼吁，希望他的学生能够挺身而出，挽救民族危亡。

“爱国，是人世间最深层、最持久的情感，是一个人立德之源、立功之本。”今天，中华民族正处于伟大复兴的关键时期，面对世界百年未有之大变局，爱国主义教育面临的内外环境、形势任务发生了很大变化。不同时代有不同的爱国主义内涵，当代中国，爱国主义的本质就是坚持爱国和爱党、爱社会主义高度统一。

因此，进行新时代爱国主义教育，既要守正也要创新，要不断丰富教育内容，创新教育载体，增强教育效果，让爱国主义教育体现时代特色，始终充满活力。唐门山文化具有丰富的爱国主义教育内容，是不可多得的教育载体，可以结合课程内容开展教学或组织实践活动，如通过主题党团日、主题班会等强化爱国主义教育，高扬爱国主义旗帜。

第三节　清廉品格

廉政文化是人们关于廉洁从政的思想、信仰、知识、行为规范和与之相适应的生活方式和社会评价，从根本上反映着一个阶级、一个政党的执政理念、执政目的和执政方式，是廉洁从政行为在文化和观念上的客观反映。廉政文化在我国有着非常悠久的历史，是中华民族优秀传统文化的重要组成部分。

一、南宋第一贤相杜范

《万历黄岩县志》记载，旧传南宋淳熙九年（1182年）十月二十五日，杜范出生时，江水澄清三日，因而永宁江又称澄江。永宁江潮起潮落，江水四时黄浊，江水能清，这是天降祯祥。“江水清，出圣人。”水清官清是历代民众的良好愿望。

杜范“以廉直著，时称李杜”。无论是权倾一时的丞相，还是当朝皇帝，他都敢于直谏。端平二年（1235年）十二月，杜范任监察御史，弹劾右丞相郑清之“不量非才，妄邀边功，用师河洛，兵民死者数十万”。次年杜范任太常少卿，面对朝政日坏，向理宗上疏：“毋以小恩度大谊，毋以私情挠公法。严制宫掖，不使片言入於阃；禁约阉宦，不使谗谄得以售其奸。”对于理宗纵情声色，任用权奸，大讲道学，他直谏说：“陛下外有好谏之名，内有拒谏之实，天下岂有虚名可以盖实哉。”面对“襄蜀俱坏，江陵孤危，两浙震恐”局面，朝政被郑清之父子把持，陷害无辜，招权纳贿，勾结蜀师赵彦呐丧师害国，杜范始而忧心忡忡，继而拍案而起，与太学诸生再三弹劾郑清之、李鸣复等人。杜范说：“鸣复不去则臣去。”

杜范32岁步入仕途，至64岁逝世，无论是官居九品，还是位居极品，始终清贫乐道，清廉自守，过着“味淡甘无穷”的生活。年轻时吃的是粗粮，晚年体衰厚粥充饥；住的是“仅蔽风雨”的旧屋，过往人们莫知是丞相居所；家产仅有五亩薄田，是早年任知府时朝廷所赐的“职田”。杜范的俸禄大部分用于救济贫苦百姓、扶植杜氏后辈、救济布衣之交以及馈赠门客。他还拒收礼金，严于律己，因而时常入不敷出，甚至身穿旧衣，袍短不遮脚。杜范有诗云："宦尘役役走长涂，岁晚离家只自吁。风入破舆寒彻骨，雪穿疎幌秘沾须。"杜范《清献集》卷四记载，有一富户邀请杜范到家盛宴款待，一日富户拜访杜范，时已中午，饭菜仅有葱羹麦饭，富户发怒告辞，杜范作诗相送："葱疗丹田麦疗饥，葱羹麦饭两相宜。请君试上城头望，多少人家午未炊。"

二、"以节义著朝端"的泰不华

泰不华是清廉从政的典范。他为官清正耿直，尊崇气节，不畏权贵，"然人知尚书才华之美，而不知其政术之可称也。每当论大事、决大疑，挺正不阿，凛然有直士风"。泰定三年（1326年），泰不华任江南行御史台监察御史时，正值江南灾情严重。"东南此去须行志，斗米七千人苦饥。"而御史大夫脱欢却恃势贪暴，百官皆敢怒不敢言，唯独泰不华以分台下级的身份向皇帝弹劾罢黜之。顺帝即位时，加文宗皇后为太皇太后，大臣燕铁木儿、伯颜皆列土封工。泰不华对朝廷盛行的滥赏之风深恶痛绝，于是联合大臣上章谏止，完全不顾个人安危。他官至礼部尚书，但不置私产，不荫子侄。"君向天台去，烦君过我庐。可于山下问，只在水边居。门外梅应老，窗前竹已疏。寄声诸弟侄，老健莫愁予。"可见，泰不华虽身居高位，但未置家产以荫庇亲属，诸弟侄都在临海老家居住，过着平凡的生活。

泰不华不但廉正自守，而且是个品行端正的君子。在任台州路达鲁花赤时，他经常微服私访，体察民情。明曹安所著《谰言长语》记载："（泰不华）为台州守，有所廉察。因夜宿村家。闻邻妇有姊姒夜绩者，姊曰：夜寒如此，我有瓶酒在床下，汝可分其清者留以奉姑，下浊者吾与尔饮之。姒如其言，起而注清者于他器。且曰：此达元帅也，吾等不得尝矣。姊曰：到底清邪。遂笑而罢。兼善（不华）闻之，未曙，即去。”从中可见他的清节。

泰不华每到一处赴任新职，往往喜欢寻找当地年迈德高、熟知情形者，向他们询问当地地理物产、风俗习惯，以便因地制宜，因势利导，使百姓安居乐业。浙西山区原本山水清新秀朗，人民质朴安业，泰不华任绍兴路总管后更是着意引导。他利用乡饮酒礼这一古老传统，敦厚邻里，纯朴民风，教民兴让。每逢泰不华离职赴任他处，当地德高望重者或前去家中送诗赠赋、依依话别，或送至驿亭恋恋不舍，可见泰不华节操高尚，为政清廉。

泰不华胸襟开阔，识才爱才，热衷于“荐贤”，经常照顾和提携困顿文人。泰不华与陶宗仪是惺惺相惜之至交，在陶宗仪的《辍耕录》和《书史会要》等诸多文字中，多处记录与泰不华交往之事。在陶宗仪困守乡居、饥寒无着时，泰不华时常给予接济并竭力举荐。虽然对于泰不华的举荐，陶宗仪因其个人节义观念而谢绝，但两人之友情从未受影响。又如元朝著名画家王冕，他所作的墨梅名扬天下，又能诗善刻。至正七年（1347年）王冕北游京都，当时他并未成名，就客居在泰不华家中。泰不华爱惜其才学，同样给予竭力的推荐，但王冕最终力辞不就，归隐故里。

清官文化作为中国传统文化的重要组成部分，是时代发展的结果，反映了封建社会百姓对政府官员的殷切期盼。清正廉明既是清官的外在表现，也是清官文化的内涵。“包青天”“海青天”的事迹集中体现了秉公执法、为民作主、一身正气的精神，成为黎民百姓呼唤清官盼望治世的精神寄托。在儒家思想的影响下，读书人把“修身、治国、平天下”“穷则独善其身，达则兼济天下”作为人生理想和目标，学而优则仕，一旦进入官场，又基本都能各安其位，各司其职，清官文化正是在这种社会结构中萌芽产生。杜范、泰不华这些台州先贤的清正廉洁为人们树立了榜样，是廉政教育的重要载体。

当然，现代廉政文化不同于古代的“清官文化”，需要赋予其新的内涵和时代特征，要充分认识“清官文化”的历史局限性。“清官文化”过分依附于个人的品质和道德，不具有普遍性和稳定性。清明政治本质是一种现代公民文化，体现为人民做主的主人翁意识、公民的广泛政治参与、法律至上的法治文化。党的十八大报告指出：“要坚持中国特色反腐倡廉道路，坚持‘标本兼治、综合治理、惩防并举、注重预防’的方针，全面推进惩治和预防腐败体系建设，做到干部清正、政府清廉、政治清明。”今天的廉政文化建设必须加强制度建设，因为廉政文化一旦形成和固化，其所表现出来的道德约束力，往往比正式制度更有力度，更具有持久性、稳定性和连续性。

第五章
唐门山文化保护

随着黄岩跨入永宁江时代，“千年永宁”成为黄岩的城市新定位。北城双宝珠区块加速改造，同步进行的还有唐门山历史文化主题公园项目建设。建设唐门山不仅仅是建设一处历史名胜，更是重建了深深烙印在一代又一代黄岩人心中的历史文化记忆，可谓功在当代，利在千秋。

第一节　唐门山文化现状及保护

近年来，当地政府对唐门山历史文化遗产保护高度重视，采取了一系列行之有效的保护措施，取得了很多成效，如重修泰不华墓、重建唐门双塔。但与五洞桥、孔庙、委羽山大有宫等特色历史文化区块相比，唐门山文化建设还存在较大差距，需要在今后的工作中更加重视。

一、唐门山文化保护存在的问题

五四以来种种历史、社会因素使部分历史文化名城受到破坏。实际上，唐门山的不少文化遗产也是这样消失的。

（一）破坏严重

一是历史性湮灭。对于泰不华墓及其庙祠，《元史》载：“后三年，追赠荣禄大夫、江浙行省平章政事、柱国，封魏国公，谥忠介，立庙台州，赐额崇节。”但由于元朝很快灭亡，蒙古势力退回北方，台州又是方国珍故地，作为报复，泰不华墓、崇节祠遭到毁坏。而作为少数民族的后裔的泰不华族人也纷纷迁走，所以今天台州没有泰不华的后裔，泰不华也逐渐被台州人遗忘。另外，还有一些是特定历史时期带来的破坏，在1966—1976年间泰不华墓、崇节祠被毁，唐门双塔被拆。

二是自然破坏。黄岩为滨海城镇，全年多大风，春季多海雾，夏秋多台风等。在漫长的历史长河中，常年的风吹日晒、雨水侵蚀等自然气候使暴露在外的历史建筑加速坍塌，如唐门双塔屡建屡毁，摩崖石刻长期受雨水冲刷、自然风化等影响加速损坏。

三是无意识毁坏。在快速发展的信息时代背景下，人们往往把获得经济利益最大化作为首要目标，在村镇建设过程中，一些村民采用钢筋水泥新建住房，且过于注重现代生活便利，一些历史文化遗产因此被重建，甚至被破坏，新建房与历史文化遗产的氛围不协调，破坏了历史文化遗产的周边环境，以致人文气息变得越来越淡，慢慢失去了原有的风貌。唐门山“江边筑堤里许，杂植桃柳其上，舟行指点，俨如画图，为登临之胜处”的胜境现在已荡然无存了。

四是开发性破坏。在历史文化遗产修复保护过程中，有些修复者对当地的历史文化遗产缺乏足够的认识，对文物价值的认识也往往不足，因此没有按照原来的建筑风格进行修缮，随意变更，使文物本体及其历史风貌遭到破坏。例如，崇节祠被破坏后，当地百姓修了一座将军庙，从而失去了历史本真。同时百姓在其旁边修了一座观音堂，破坏了建筑周边的环境，使文化个性和文物所具有的价值降低了。

（二）环境污染较重

改革开放以来，黄岩大力发展工业经济。为提高当地的经济效益，周边的环境不断被改变。唐门山周边相继建起了机械厂、化工厂、发电厂等。20 世纪 60 年代，为修建马鞍山发电厂，唐门山后边一小山被炸平，唐门双龟景观不复存在。工厂的废气、废水排放导致了环境污染问题。由于交通建设需要，唐门山周边破碎山体和裸露岩石增多。唐门双塔周边电线杆林立，影响了景观的生态环境和风貌。

（三）保护不足

唐门山景观文化丰富，有山水文化景观，如唐门山、永宁江；历史建筑景观，如唐门双塔；遗址陵墓景观，如王林洋海战遗址、摩崖石刻、泰不华墓；宗教文化景观，如将军庙等。唐门双塔虽屡建屡毁，却有五百多年历史，是黄岩文化地标和乡愁寄托地，具有较高的历史、文化价值；王林洋海战遗址和崇节祠是研究元代台州地域政治、经济、文化乃至地域历史变迁的重要载体；“元魏国公忠介尽节处”摩崖石刻是清末地方名流与国家政治互动的重要表现，已有百年历史，是不可多得的爱国主义教育场所。拥有如此多的文物古迹、如此丰富文化内涵的唐门山是值得保护的。历史文化遗产具有不可再生性，遗产所承载的文化内涵是其他东西无可比拟的，一旦损毁，将产生不可挽回的损失。失去了文化遗产的主体，遗产旅游和保护都将无从谈起。

（四）知名度不高

南宋著名思想家叶适说："县直北上，爽气浮动，花柳之丽，日月之胜，无不在江北。"宋明之际，唐门山名人辈出，影响全国，可谓黄岩之首。江北一地，山水秀丽，人文蔚然，南宋时就已成为游乐揽胜之地。"今既施桥，而叔和与邑人日曳杖娱戏于北山，潮生汐落，随江降升，悠然如泳汉浴沂，以歌令君之遗德。"但自清中叶始，江北胜景逐渐衰落荒废，如今即使是当地人也已经很少有人知道了。

二、历史文化遗产的保护原则

历史文化遗产是中华民族的宝贵精神财富。党中央、国务院高度重视历史文化遗产的保护与利用工作。习近平在主持十八届中央政治局第十二次集体学习时明确指出："要系统梳理传统文化资源，让收藏在禁宫里的文物、陈列在广阔大地上的遗产、书写在古籍里的文字都活起来"①。2020 年 5 月 11 日至 12 日，习近平在山西考察时指出："历史文化遗产是不可再生、不可替代的宝贵资源，要始终把保护放在第一位。发展旅游要以保护为前提，不能过度商业化，让旅游成为人们感悟中华文化、增强文化自信的过程。"习近平关于历史文化遗产工作的重要指示精神为新时代我们更好地做好历史文化遗产保护和利用工作提供了根本遵循，指明了努力方向。

文化遗产保护要贯彻"保护为主、抢救第一、合理利用、加强管理"的方针，坚持保护文化遗产的真实性和完整性，坚

---

① 习近平 . 习近平谈治国理政：第 1 卷 [M]. 北京：外文出版社，2018.

持依法科学保护，正确处理经济社会发展与文化遗产保护的关系。文化遗产的保护应遵循以下原则。

（一）原真性原则

原真性原则是公认的物质遗产保护的最基本原则，是指对于历史文化遗产保护并继承其历史真实性和所包含的历史信息。《保护世界文化和自然遗产公约》中对原真性的重要性做出了明确表示，要完整保留文化遗产真实的原本的历史信息，不能因外部人为因素而受到破坏，应尽量避免在文化保护中的建筑类遗产重建。

用信息的观点看，文物古迹所包含的大量历史信息可以不断地被研究、被解译，今人可以利用，后人也可以利用，而且随着科学的发展和人类认识水平的提高，后人对这些信息的认知或许比我们更深刻、更丰富。只要原物存在，就可以不断地有所发现；原物不存在了，对信息的认识或许也就终止了。历史文化遗产是历史变迁的真实写照，通过深入解读物质文化遗产和非物质文化遗产的历史内涵，我们可以了解它所富含的文化信息，这就需要我们持有一颗敬畏之心去探索它所承载的信息，不能随意去破坏或重建。

（二）完整性原则

完整性原则是指在保护文化遗产的同时要注重对周边自然环境的保护。历史文化遗产并不是孤立的，它与所在的自然环境和文化氛围是一个有机整体。最早提到完整性的国际文件是《雅典宪章》，目的是保护历史古迹。后来“完整性原则”被提出，文化遗产完整性原则的内容得到进一步延伸，涵盖了历史文化遗产价值的所有环境因素。

对历史文化遗产的保护和利用不单要考虑其本身，同时要考虑到周边的环境及文化，只有这样才能完整地保护历史文化遗产和其内在的价值。如果离开地域谈历史文化，就削弱了它本身所包含的科学、历史和文化艺术价值。

（三）可持续性原则

可持续性原则是指在文化遗产的保护工作中应尽量减少对遗产本身及周边环境的寿命影响，使它长久传承。文化遗产中丰富的文化内涵和历史信息是值得保护和传承的，也是弥足珍贵的一笔精神财富。保护历史文化遗产是一项持久的工作，不能只顾眼前的经济利益而在城市化过程中毁灭文化遗产。随着经济全球化趋势与现代化进程的加快，我国的文化生态正发生着巨大变化，如城镇化带来的基本建设热潮、经济发展带来的旅游热等，这些都使文化遗产的生存环境受到威胁，文化遗址的整体风貌遭到破坏。

第二节　唐门山文化保护对策

文化遗产的保护应遵照《中华人民共和国文物保护法》的要求，根据文化遗产的历史、艺术和科学价值核定为不同等级的遗产保护单位，按照我国对文物保护单位实施属地管理、分级负责的成功经验实行分级管理。各级文物保护单位必须做好“四有”工作，即有保护范围，有保护标志，有科学记录档案，有专门机构或专人负责管理。

一、明确范围，申请保护

历史文化遗产是积淀深厚、内涵丰富的历史遗留物，历史文化遗产内涵的发掘对于加深对历史文化的认识和理解具有十分重要的作用。唐门山文化涵盖了宋、元、明、清等不同历史时期的文化，内涵丰富。为此，要组织召开文化遗产专家会议，深入挖掘历史文化遗产内涵。同时要以历史遗产内涵为依托，明确唐门山历史文化区范围，对具有历史、艺术、科学价值的古建筑、古墓葬、古遗址、石刻等文物以及有纪念意义的各种建筑物建立档案，树立说明碑和保护标志，并根据其所承载的文化价值为唐门山文化申请各级保护。后建立分级保护策略，提出一套科学高效的文化遗产价值综合评价体系，制定遗产的分级分类保护管理制度，确立整体、核心、重点、一般等不同层级的保护体系。要把列入区级以上文物保护单位的遗产作为保护的核心和重点，一定要加强对其周围区域的保护，严控周边新建建筑的层高、风格、立面等各种要素，在修复中要保持其原样，坚持“全面保护，突出重点，修复如旧，以存其真”的原则，不可改变其原貌特征，对物质文化遗产进行全面的保护和传承，坚决防止破坏历史文化遗产整体风貌的行为。目前唐门山文化遗产亟需保护的有以下三处。

（一）泰不华墓

名人是城市的名片，也是宝贵的历史文化资源，他们既光耀了历史，也福荫了后人。泰不华为台州状元，官至礼部尚书，最后在王林洋海战中尽节，是封建士大夫的代表。泰不华墓有600 多年的历史，有较高的历史价值，要制定规划，采取切实有效的措施加以保护。

（二）“元魏国公忠介尽节处”摩崖石刻

该石刻刻于1898年，已有120多年历史，为纪念元朝泰不华为国尽忠的历史事迹所刻。该摩崖石刻字体硕大，字体清晰，排列整齐，布局合理，书法精到，是目前黄岩境内发现的面积最大、保存最完整的摩崖石刻，具有很高的历史、文化、艺术价值及文物研究保护价值。此处也是重要的爱国主义教育场所，要加强保护。既要严格防止人为的破坏，维护周边的环境，又要依靠科技手段进行有效保护，防止表层风化。

（三）唐门双塔

唐门双塔建于明万历己卯年（1579年），名曰文笔、文星。历史上屡建屡毁，2016年重建。唐门双塔有近500年历史，被称为双宝珠，是黄岩的文化地标。

二、整合资源，协调开发

文化地理学认为，一个有意义的地域会囊括各个时代的多种文化信息，成为今人探求该地域古代社会的文化隧道。它通常具备三个内涵：一是在一定的区域内，其文化发展源流具有关联性，与其他地域相比具有明显的差异性；二是拥有自身的功能、特色和优势；三是与周边地域相互关联、相互影响[①]。唐门山、马鞍山、翠屏山在黄岩城北一字排开，兼具以上三个特质，并有机地融合了自然、人文要素，因而成为了一个独立的文化

① 涂明星.龙泉山历史文化资源及其开发价值[M].武汉：武汉大学出版社，2017.

地域概念。这里自然景观秀美，茂林修竹、悬崖瀑布、奇峰怪石兼而有之，历史上有三位名人对此做出评价。理学大师朱熹说：“黄岩秀气在江北，江北秀气在翠屏。”南宋著名思想家叶适说：“县直北上，爽气浮动，花柳之丽，日月之胜，无不在江北。”南宋丞相杜范说：“山于江北者，浮岚耸秀，十里一碧，蔚为奇观。”人文景观丰富，翠屏山有南宋南湖学派创始人杜烨创办、朱熹讲学的樊川书院，明代黄绾创办的石龙书院，杜范少年时读书处灵岩洞，黄绾手书摩崖石刻六百八十多字，六潭山、二公亭遗址等；翠屏山南有晋代古刹灵岩禅院，南宋宰相杜范祠堂，黄土岭上有供奉抗元英雄杜浒塑像的将军祠。唐门山和翠屏山山脉相连，文脉相通，是黄岩乃至台州最具文化品位的地方，可以说是一部黄岩儒学发展史。

开发旅游资源一是要突出整体效应，以山水文化、儒学文化、宗教文化等设计组合翠屏山风光揽胜、历史古迹探秘、名人故里寻游、宗教文化朝拜等旅游线路。

二是突出主题，即以儒学文化为主题。朱熹、杜范、黄绾、泰不华、王棻等都是中国儒学史上的代表人物，代表黄岩历史文化的最高水平，如此众多的大师聚集，别无他处。加强名人文化的保护和研究，充分挖掘历史文化内涵，建设名人纪念馆、博物馆、名人文化广场以及名人雕塑，也可建立儒学文化公园或儒学博物馆。

三是以唐门山为核心，按照“以点串线、南北并进”的开发策略，使北部的翠屏山、东部的马鞍山等散落的景点景区成为“珍珠串链”，形成“以点带线、以线促面”的全域旅游发展新格局。

三、立足历史，准确定位

唐门山风景秀美，历史丰厚，特色鲜明，内涵丰富，具有不可替代性。因此，应针对唐门山独有的特色对其定位，可将其旅游主题定位为历史文化氛围厚重浓郁，襟山怀水，具有高文化品位的历史文化体验区和爱国主义教育基地，打造历史文化与现代旅游休闲相结合的文化主题公园。

一是建立王林洋海战遗址的标志，保留历史地理信息。地名是地方居民在一定的历史时期活动的产物，它有着丰富的历史、地理、民族、经济、社会、人文等丰富的内涵，是历史文化的活化石。联合国地名标准化会议提出了“地名是民族文化遗产”“地名有重要的文化和历史意义”。王林洋在历史上是一个海洋滩涂，随着长潭水库和江口闸门的修建，现已变成一片陆地，唯有周边一些带“洋”“渚”“屿”等字的地名依稀透露出一些历史信息，凭此可猜想当年海洋滩涂的景观。但随着时间的推移和城市化的推进，这些地名也在逐渐消失。

台州状元泰不华和“海精”方国珍两位台州名人遗留的财富是不可多得的人文资源和地域资源。泰不华的历史评价很高，道德文章名冠一时，忠介节义千古流传，其部族来源至今仍是学界争论的话题。但由于元朝灭亡后，蒙古势力退回北方，泰不华没有在台州留下后裔，以致台州很少有人关注。方国珍兼具“台州式硬气”和沿海居民的圆滑、精明，他首义抗元，刚柔相济，纵横捭阖，坚持保境安民，周旋于各大力量之间，并最后得以善终。历史名人的文化价值有不可替代性，名胜景观是名人资源的外在载体，名人资源则是名胜景观的内涵。只有将旅游开发根植于历史名人文化的土壤之中，才能使开发出的旅游产品受到游客欢迎，只有赋予历史名人文化内涵的旅游景区才更具魅力，才能留得住游客。

海战遗址和纪念建筑是人们凭吊英雄烈士、反思历史的游观场所，是重要的海防教育以及海洋意识宣传教育基地。为留住记忆，缅怀历史，可以设置王林洋海战遗址的标志。通过设置展览项目，展示重大海战海防事件，展示著名海战将领的事迹，展示船舰、武器等设施设备，介绍相关背景资料和历史知识；建立名人文化广场或名人雕塑等，通过铭文向游人介绍这里的人文历史，在丰富旅游区内容的同时加强群众的爱国意识和海洋意识。

二是重建崇节祠。祠是一种传统祭祀建筑，崇节祠是为祭祀泰不华、表彰泰不华的忠节而建。崇节祠始建于1355年，历经变迁，数次被毁，现仍有遗址。先贤祠宇是人们对先贤表达敬思的精神场所。“虽然往哲遗行，模范具存，鉴观前贤，激发由兴。”“思其人、慕其迹、心其心、道其道”有助于促发人们自觉完成心性反省与品格提升，达到“励节激俗”的社会效用。自古以来，中国文人学子就对祠庙极为重视，特别是在国难当头、民族危机之时，祠庙就成为凭吊历史、召唤英雄的圣地。由于特殊原因，崇节祠作为封建糟粕被拆毁，虽然后来重建了将军庙，但祭祀重点是方国珍，而且建崇节祠是国家行为，有明确的政治目的，即旌表忠节，而庙是民间信仰，两者不可相提并论。

重建崇节祠可按照清代《台州重建崇节祠记》的记载恢复原貌：“祠凡五楹，南临澄江，北俯翠屏，西带灵溪，山顶有双塔。将军岩壁立十余丈，古松合抱，盘盖其巅。崖下石潭澄澈如镜，祠前有方塘，大旱不涸，凿石栏以围之。”石潭是激发朱熹灵感的地方“将军岩上插双笔，将军岩下泉泌泌，域中状元次第出”，应当予以恢复。

崇节祠是唐门山历史文化的核心所在，虽然重建的崇节祠是仿古建筑，但是“崇节祠”所代表的文化内涵是深厚的，其所承载历史文化内涵早已超出了建筑本身的意义。重建崇节祠可以延续历史文脉，弘扬爱国主义精神，丰富文化内涵，增加文教空间，凸显古城魅力，提升城市知名度。

三是打造修禊文化。修禊是中国传统文化的精粹之一，是一种消灾祈福的仪式，最初带有一定的神秘色彩。两汉时，在水曲隈处喝酒吟诗是其主要内容，修禊成为了一种官民同乐的高雅有趣的节日活动。到了宋代修禊则演变成为文人雅士的曲水流觞和临河赋诗歌咏，一般民众则游春踏青，赏览春光。东晋永和九年（公元 353 年），王羲之父子、谢安、孙绰等共 41 人在山阴（今绍兴）兰亭举行了史上最著名的一次修禊集会。光绪二十五年（1899 年）三月初三，王棻携 20 学子在唐门修禊，崇节表忠，成就了一场文化盛事。“君不见兰亭修禊事，当时坐上皆豪逸。”修禊文化既是一种高雅文化，又是一种休闲文化，其主要内容是饮酒、写诗、观山、赏水等。可以说修禊文化是文人雅士和普通百姓的文化狂欢，恢复修禊活动对于活跃文化艺术、提高居民文化水平、提升城市档次都具有重大意义。打造修禊文化首先要修复唐门山周边环境，重现“双塔冠其上，澄江泾其下，方池浸其前，新河襟其外，崇山茂林，清流映带兼而有之”的唐门胜景；其次要整合资源，充分利用黄岩各文艺团体、协会等开展诗歌吟诵、乐器演奏、茶道香道、书法绘画等传统文化雅集，为市民和游客带来各种视觉盛宴和精神享受；最后，在条件成熟时，设立唐门修禊文化节，定期举行修禊活动，使其成为地方的一张文化名片。

四、挖掘价值，丰富体验

唐门山历史文化遗产有着深厚的文化积淀，具有多重价值。要将文化一代代传承下去，丰富人民群众的日常精神生活就显得尤为重要。

一是要将加强历史文化遗产保护和利用作为提升文化软实力的重要途径，进一步提升人们的文化修养和精神品位。唐门山文化中的历史人物、历史事件、诗词歌赋等都可以在附近的建筑、广场、园林、道路等实物中巧妙地体现出来，如将忠介、崇节、状元、永宁、澄江、和合、文笔、文星、海精等作为道路、亭阁、楼宇等的名字。

二是对崇节祠、唐门双塔、摩崖石刻等文化遗产的内涵进行深入挖掘，了解其来龙去脉，讲好其背后隐藏的感人故事，产生更好的激励效用。

三是挖掘、发展民俗文化，丰富群众的文化生活，如举办三月三庙会活动，充分利用永宁江水域举办端午节龙舟活动。

四是大力推进传统文化与现代文明的融合发展，将历史文化遗产的精神价值与社会主义核心价值观有机结合起来。唐门山的爱国主义精神、“台州式硬气”、清廉文化、和合思想、乡愁情绪等精神价值是不可多得的教育材料，可整理成册，进入学校和课堂，让孩子从小对家乡的宝贵资源熟悉于心。

五、加强宣传，强化文物保护意识

丰富的文物古迹、传统的民俗文化和优美的人文景观无疑是唐门山一笔重要的文化资产。然而，当地村民置身其间，浑然不觉，这不能不说是一个遗憾。所以，要加强宣传，通过各种途径让当地人了解他们的历史和文化，这也是文化遗产保护的重要措施之一。

2002 年，《世界文化报告》指出，保护历史文化遗产不单单是一种文化运动，更是全社会全人类的共同责任和义务[①]。文化遗产的保护除了要利用科学的保护手段，还要让更多的人，尤其是年轻人了解地方历史文化遗产的过去，了解自己所生活的城市的历史，从保护的意义上这样做尤其重要[②]。

为此，一是要经常举办展示、论坛、讲座等活动，使公众了解更多文化遗产的丰富内涵。例如，黄岩区政协创办的“永宁史话”文史讲堂多次组织有关泰不华、方国珍、朱熹的讲座。二是文物部门必须采取法律手段保护文化遗产，结合唐门山文物的实际，宣传《中华人民共和国文物保护法》《浙江省文物保护管理条例》等。三是要利用各种媒体宣传唐门山的双塔文化、海洋文化、民俗文化，启迪民风，使之家喻户晓，人人皆知。

---

① 联合国教科文组织 . 世界文化报告 [M]. 北京：北京大学出版社，2000.

② 薛正昌 . 根脉与记忆：宁夏历史文化遗产 [M]. 北京：中央编译出版社，2016.

四是教育部门要将优秀文化遗产的内容和文化遗产保护知识纳入教学计划，编入教材，组织参观学习活动，激发青少年热爱祖国优秀传统文化的热情。

第六章
唐门山文化和校园文化

德国哲学家斯宾格勒说：“每一种文化都植根于她自己的土壤，各有自己的家乡和故土的观念，有自己的‘风景’和‘图像’。”校园文化根植于地域文化，受地域文化的渗透和影响，烙上了地域文化的印记，折射出地域文化的个性。

第一节 地域文化与校园文化

“地域文化是以地域为基础，以历史为主线，以景物为载体，以现实为表象，在社会进程中发挥作用的人文精神。”地域文化构成要素包括：心理、方言、价值观、劳动方式、宗教、风俗以及生活方式。因此，地域文化具有很强的地域特点和特定的历史特点，是某个特定历史时期一个地区人们普遍认同、表现的文化。高校校园文化与地域文化的融合是一种良性的、优势互补的文化发展运动，无论是对社会的进步还是高校自身的发展都十分有必要。

一、必要性

（一）高职院校的“地方性”特点

高职院校是为区域经济社会发展而建立的，办学定位是为区域经济产业转型升级提供技术技能型人才和智力支撑。高职院校办学定位必须根植于地域文化的沃土，将学校的精神、校训与地域文化紧密结合，体现办学的地域特色；将学校的人文景观、雕塑、校企育人理念等融入地域文化，体现地域文化特色；深挖学院的办学历史、办学特色等，将地域文化融入人才培养的全过程，弘扬地域文化在人文精神中的推动作用。

（二）学生就业需要

地域文化对当地的学生具有天然的亲和力，不仅能够激发学生对本土的热爱，还能提高其环境适应能力，为将来的就业做准备。高职院校是为当地经济建设服务的，为了将来能有一大批学生在本地就业、成家、立业，只有让广大学生在持续潜移默化中受到地域文化的熏陶和影响，就能在价值观念、行为习惯、审美情趣等方面逐渐与地域文化趋同，产生共鸣，形成地域认同和文化认同，从而在本地生根发展。

（三）校园特色需要

地域文化是特定区域内的物质和精神财富的历史积淀，不同的地域有不同的地形地貌和民俗风情，地域文化深刻影响到所在区域范围内的方方面面。加强与地域文化的融合有助于形成独特的校园文化风格和教育科研特色，易于形成自己的鲜明特色，与其他区域的同类院校区别开来。作为人才培养的重地，高职的人才培养不可避免地受到地域文化的影响，高职校园文化也应与这个区域特定的历史积淀相关联。只有彰显校园文化个性，才能形成独具特色的品牌文化。

（四）思想政治教育需要

地域文化可以丰富思想政治教育内容。优秀的地域文化中既有精神又有品格，利用地域文化可以完善学生人格，提高学生综合素质，可以激发学生热爱家乡的热情，进一步培养学生胸怀祖国、放眼世界的境界。同时，能够推广和深化本土文化，实现地域文化和校园文化的共同发展。实践证明，学生通过深入了解地域文化能够建立自尊、自信、自豪感，也可以建立一种反思的理性。还要将家乡的文化与中华传统文化、西方文化、现代文化进行多维度对比，认识到地域文化的优良和不足之处，实现对地域文化的“扬弃”。

二、可能性

（一）区域空间上的契合

20 世纪 50 年代，美国学者奥森提出：“学校不应是游离于社区的文化孤岛，它应主动与社区架设各种桥梁，致力于解决社区的问题。”“校园历史、场所、文脉、精神是校园宝贵的财富，延续校园历史文脉，营造校园景观空间强烈的场所感，感受校园的人文魅力，就必须挖掘学校深厚的历史文脉和文化内涵。”① 大学校园文化与地域文化虽是两种不同的文化，但是两者之间存在较大的契合度，可以说是地域文化包含校园文化。台州科技职业学院位于永宁江畔，与唐门山隔江相望，从地理位置上看，是唐门山的自然延伸。学校所在地就是当年王林洋海战遗址，站在校园就能清晰地看见“元魏国公忠介尽节处”几个大字、将军庙和唐门双塔。

① 肖花．地方高校校园景观设计中的地域文化运用初探 [J]. 山西建筑，2017，43(19)：178–180.

（二）基本功能的契合

文化的功能是文化固有的，不以人的意志为转移。大学校园文化与地域文化在其文化功能上具有一致性，即“育人”，也就是都是按照一定群体的共同价值观塑造人。大学校园“不仅仅是为大学正规教学活动提供物质环境……每个人的大多数受教育机会发生在户外……只有当校园规划具备能够激发好奇心、促进随意交流的特质时……它所营造出的校园氛围才是具有真正最广泛意义上的教育内涵”。教育家蔡元培先生主张“国民教育以养成和健全人格为根本方针”。在当前多元化文化相互交错的社会背景下，注重高职学生的人格教育、塑造其健全人格具有重要意义。塑造青年学生的人格与灵魂，培育正确的世界观、人生观和价值观，是地域文化融入高职教育的重要意义之一。在育人过程中，优秀的地域文化是精神的明灯，能让学生领悟到深刻的内涵，同时潜移默化地受到影响。

唐门山文化有敢为人先、敢于担当的“台州式硬气”，可以培养学生“敢为天下先”的创新精神和担当精神；泰不华为国尽节可以培养学生以天下为己任的精神；黄岩地域文化最重要的代表人物王棻的思想影响了整个近代黄岩文化，特别是“左交许郑右程朱，要使滨海变邹鲁”的教育宗旨和“发明学术、表彰先贤、启迪后进”的人生志向是中国文化史上的标杆，完全可以作为重要的教育资源。他们所展现出来的优秀的意志与品质以及独有的文化内涵势将成为当代大学生的一种精神钙质，能起到提升学生道德素养的作用。

三、唐门山进校园的路径选择

（一）物质文化

校园物质文化是指校园硬件环境的设施和展示，它在培养人才的过程中发挥着教育、熏陶、启示的作用。物质文化的传承方面体现在校园环境的建设中。唐门山文化中的历史人物、历史事件、诗词歌赋等都可以在高职院校的建筑、广场、园林、道路等实物中巧妙地体现出来，如修建王林洋海战文化景观墙，全面展示波澜壮阔的王林洋海战历史场景；兴建唐门山文化名人长廊， 陈列宋、元、明、清各个时期的文化名人，如朱熹、杜范、泰不华、方国珍、袁应祺、王棻等，以先辈的事迹激励学子奋发向上，让学生直观感受地域文化的影响。

（二）精神文化

校园精神文化是校园文化建设的核心。学校可组织开展一些活动，进一步凝练和提升学校精神文化。与此同时，学校应高度凝练和整合历史传统、价值追求以及地域文化的精神品质等，形成具有地域特色的校园精神文化。例如，开设永宁讲堂，将“千年永宁”这一文化符号与校园讲坛结合，增强文化意韵；将历史上凭吊泰不华的诗词制成灯箱、创作成书法作品悬挂在教室、走廊，让“若使临危图苟免，读书端为丈夫羞”成为师生的座右铭；将忠介、清献、崇节、状元、永宁、澄江、和合、文笔、文星、海精等文化符号作为学校道路、亭阁、楼宇、社团、活动的名字，在潜移默化中传承这些思想。校园精神体系的提炼与设计也可以汲取地域文化的因素，如泰不华身上表现出来的“忠、介、节、义”等思想可以丰富学校的校训“厚德强技”

的内涵。另外，优秀的地域文化教育资源经过科学的设计用在人文素质教育课堂、思想政治教育课堂甚至专业教育课堂对于促进学生身心的全面发展、形成健康的人格、培养科学的思维方式、提升自我认知的能力有重要意义。

（三）制度文化

校园制度文化包括学校的制度规则和师生员工的制度意识，具有制约、导向、教育和凝聚的功能，直接体现了学校办学治校的水平。制度文化的基本核心是由历史演化产生或选择而形成的一套传统观念，尤其是系统的价值观念。唐门山文化中，杜范的清正廉洁、泰不华的忠介节义、方国珍的“台州式硬气”、王棻的忠义治世等思想都是优秀的中华传统价值观念，对校园制度文化建设具有重要意义，特别是对当前廉政制度建设，打造清廉校园文化有着直接的示范意义。

（四）行为文化

校园行为文化是师生员工在学习生活中，如从事教学、科研、服务地方以及各类文体艺术等活动的特定行为方式和行为结果的积淀。校园行为文化主要体现在：教学活动中要进一步开发和利用唐门山文化教育价值，将其纳入人才培养和教育教学体系，在具体教学活动中把地域文化融入其中，传承地域文化，结合课程内容开展课程思政；科研活动中要进一步引导、鼓励和支持师生开展唐门山文化研究，对优秀地域文化弘扬传承，形成一批有理论创新水平和实践推广意义的研究成果；服务地方活动中要进一步深化产学研合作，开展唐门山文化的宣传与推广，深度参与地域文化产业的开发与运用；各类文体艺术活动及社团活动中要积极融入和体现唐门山文化元素，展现出地域文化的内涵与特征，进一步传承创新地域文化，提升文化质量和品位，创建精品文化品牌。

第二节　案例：王林洋海战历史景观墙设计研究

校园景观与其他城市景观有着明显的差异性。校园是为师生提供学习、生活和工作的场所，所以校园景观必须具有教育性，能够对师生产生潜移默化的教育作用。“作为校园文化的直接表达，高校校园景观设计的本质在于‘品其文，明其道’，在于彰显文化自信、传承大学之道，校园景观设计要有文化自觉与文化自信。赋予校园景观以生命与文化，应当与大学精神实质一致，运用大学精神文化与个性气质开展校园景观设计，并还原大学校园景观相对纯真的本色，进而实施传统文化的隐形教育，彰显大学的精神与气度，引导学生在良好的校园文化景观中陶冶心灵习惯，获得行为养成与价值认同，找到精神依归。”①

一、项目背景

台州科技职业学院位于永宁江畔，与唐门山隔江相望。校

① 杨扬．高校校园景观设计中校园文化的展现 [J]. 工业建筑，2020，20(2)：209–210.

园所在地就是元代王林洋海战的遗址。校园沿永宁江景观带正对唐门山，是唐门山的自然延伸。

高职院校的地方性特点决定了高职院校必须融入地域文化。“以科名甲天下，以行义著朝端”的泰不华所表现出的“忠介节义”思想和“海精”方国珍身上的所具有的“台州式硬气”和“保境安民”思想都是学校思想政治教育的主要内容。

历史文化景观墙的设置有利于增强校园文化的识别性，彰显校园文化的独特性，可以丰富师生的精神体验。

地域文化具有独特的育人功能，有利于提高人的文化素养，提高文化凝聚力，进而产生认同感、自豪感，并最终产生归属感。利用乡土文化元素设计的校园景观是能够让人感受到地域文化的景观，能够增强地域文化色彩。它是扎根于地域风土基础之上的设计，灵活运用乡土材料传递着地域的历史和文化等信息，彰显着地域的文化。这样的校园景观才能起到辅助教学的功能，才能作为地域的“名片”，才能在整个景观体系中起到指引作用①。

二、主题

元至正十二年（1352 年）三月，元台州路达鲁花赤泰不华部与方国珍水军大战于此，泰不华兵败身死，史称王林洋海战。王林洋海战历史景观墙可通过艺术的手法重现当年的战争场景。

① 肖花．地方高校校园景观设计中的地域文化运用初探 [J]. 山西建筑，2017，43(19)：178-180.

三、设计理念

（一）尊重历史，厘清事实真相

泰不华“以科名甲天下”，通过科举，十八岁考中状元，是当时少数民族中作汉诗的翘首，书法也有很高的成就，是成功汉化的典型，成了广大读书人的偶像。进入仕途后，他“以行义著朝端”，为官正直廉洁，敢于直谏，注重改善民生，协助治理黄河水患，他还参与编修宋辽金史，授秘书卿，升礼部尚书，兼会同馆事，成为了做官的道德标准。泰不华在王林洋海战中所表现出的“挺然抗击”“秉节而死”，赢得了朝廷的嘉奖、文人的哀悼和后世的敬仰。

方国珍首义反元，比刘福通、徐寿辉等起义早两三年，比郭子兴（后来朱元璋加入）起义早四年。方国珍不向邪恶低头，替天行道，救民于水火，体现了他的“台州式硬气”。方国珍占据浙东三郡，守望东南，保境安民，让百姓安居乐业，体现了他的仁爱之心，反映出他的一身正气。

王林洋海战不仅是两个历史人物的分叉口，也可以说是一个历史时期的分叉口。元末农民起义是不能逆转的历史潮流，维护元帝国的官员泰不华和农民身份的方国珍各为其主，为了各自的理念而战。若论个人的理念，泰不华的民本思想和方国珍的安民思想是相通的，但是若论国家的理念，那就不一样了，泰不华所代表的元帝国的理念是维护统治，为此可以牺牲百姓的利益，这与方国珍作为底层百姓自保的理念水火不容。

（二）人物塑造，摘取典型的历史瞬间，表现人物性格

方国珍的雄心与目标是“保境安民”，做好他的地方官，

至正十八年（1358年）后，在各地到处有义军叛军的混乱局面下，在方国珍强有力庇护下的庆元、温州、台州的人们生活相对安定，直至元亡，方国珍功不可没。方国珍出身社会最底层，是个体恤普通百姓的人，他重视地方经济发展，兴办书院，修筑塘堤，建造桥梁，经营盐业，努力改善人民的生活。他又是一个“海精”，具有沿海居民的圆滑、精明，他刚柔相济，纵横捭阖，周旋于各大力量之间，并最后得以善终。

泰不华走的是一条典型的知识分子成长的道路，在地方大儒周仁荣、李孝光的教育影响下走上了科举之路，有兼济天下的雄心。他为官清正，敢言直谏，施行仁政，重视文化，道德文章名冠一时，忠介节义千古流传。在镇压方国珍起义的王林洋海战中战败身死，却赢得了千古忠名。

（三）画面创意，以饱满的画笔展现历史的画卷

以王林洋海战历史景观墙创作为契机，全面展示方国珍和泰不华的人物形象。力求通过对方国珍的身世以及他“保境安民”的思想和泰不华忠君爱国、忠介节义的侧重描写真实再现历史，还原历史，让人们对台州的历史和历史上的台州人多一分了解。画面内容着重塑造方国珍的农民起义军形象和泰不华的文人官员形象。画面中心部位所展现的王林洋海战最后的壮烈时刻鲜明地突出了主题，通过合理安排背景和人物巧妙地用环境烘托了主题。王林洋海战历史景观墙以画面拼贴组合的壁画语言为主，并采取数组小画面的“分镜头”，用图画历述两人的典型画面，着眼于准确地再现全部细节和清楚地叙事，让观众看到一幕幕真实历史的画面。画面借鉴了当代艺术的造型、体量、结构等美感元素，通贯全幅画面的长线条构图形成了具有节奏感的韵

律，画面协调，主次分明，展示了极具感染力的艺术旨趣与审美追求。

四、表现形式和内容

王林洋海战历史景观墙在创作中以经典的三联画构图从左右两侧分别介绍了泰不华、方国珍的各自的生平和业绩，中间突出描绘王林洋海战场景，结合黄岩的本土历史，从政治、经济、文化教育等层面梳理内容，挖掘出当地的历史人文，让人们重新认识历史。

（一）中间的画面根据《元史》记载重现王林洋海战场景

《元史》详尽记录了泰不华和方国珍在王林洋海域那场史诗般的决战的画面："时国珍戚党陈仲达往来计议，陈其可降状。泰不华率部众，张受降旗乘潮而前。船触沙不能行，垂与国珍遇，呼仲达申前议，仲达目动气索，泰不华觉其心异，手斩之。即前搏贼船，射死五人，贼跃入船，复斫死二人，贼举槊来刺，辄斫折之。贼群至，欲抱持过国珍船，泰不华嗔目叱之，脱起，夺贼刀，又杀二人。贼攒槊刺之，中颈死，犹植立不仆，投其尸海中。年四十九。僮名抱琴，及临海尉李辅德、千户赤盏、义士张君璧皆死之。"

王林洋海战场景图（图 6-1）的左右两侧分别是两方人马，人物基本以平面构成，几乎没有景深。画面以摄影中特写镜头的手法表现了王林洋海战最为激烈的一瞬间。两方的人物几乎填满了空间，画面中左侧士兵手持槊向上挑的、倾斜的动态线打破势均力敌的局面。泰不华手扶胸口，身体后仰呈现出不稳定的动势，暗示着这场大战输赢的结果，同时，突出了泰不华身先士卒、临危不惧的形象。远景的临江而立的唐门山将军岩突兀嶙峋，点明了当年的古战场所在地。

图 6–1　王林洋海战场景图

（二）左侧图为方国珍

左侧的方国珍图（图 6–2）以人物形象、海洋、地图、旗号、代表性事件等构成。中间被卫士簇拥着的是方国珍，“身长，面黧黑，负膂力，性颇沉勇”。《明史》记载，方国珍“长身黑面，体白如瓠，力逐奔马”。方国珍前面跪着的人是被打败的元军将领。两个元军前摆着几箱元宝，是政府招安送去的金银财宝。左上角是当时元末各地势力图，方国珍在势力最强时统治着庆元（今宁波）、台州、温州等地，实行保境安民、守望东南的政策。画面背景是波澜壮阔的大海。方国珍被称为“海精”，海洋是方国珍的舞台，海战是方国珍的强项，从一开始在海上谋生到海战、海运，最后避难海上，方国珍一辈子都在与海打交道。

图 6-2　方国珍图

（三）右侧图为泰不华

右侧的泰不华图（图 6-3）中泰不华端坐在营帐内，左右两侧为幕僚。他文能当状元，武能上战场，对朝廷忠诚，深得儒家思想的进取精髓，居官砺节守正，表现出社会担当的精神。右上角的背景是皇城，表明他在朝为官的经历。泰不华的书法作品也冠绝一时，擅长篆书、隶书，温润遒劲，赢得了江南士子的广泛赞誉，被历代鉴赏家视作珍品，他的《陋室铭》篆书卷现藏于故宫博物馆。泰不华与元末文坛名流交往甚密，常常酬答唱和，且他身在高位却屡次照顾和提携困顿的文人，其识才、爱才、荐才之举留下了良好口碑。画面左侧的人物是以《墨梅》名扬天下的元朝著名画家王冕，他曾客居泰不华家中。王冕坐在《墨梅》的屏风前，身体转向泰不华，与泰不华有视线上的沟通，这样人物之间就有了主次关系、呼应关系。王冕身边是当时困守乡居的陶宗仪，他也得到了泰不华的接济和竭力举荐。女诗人范秋蟾写了一首《吊达普化元帅》的挽诗，为泰不华的为国捐躯深表哀悼。可见泰不华的平易谦和、笃于友道、善识人才、礼贤下士等人格魅力令人敬仰。

图6-3 泰不华图

附　录

唐门双塔记

袁子曰：不毂少也，盖闻黄岩为浙以东名邑，云委羽、松岩褚山奇胜累累。士生其间者，类多瑰玮不群，科名郁起，如杜清献、黄文毅、谢文肃、二徐、三左者流，或以宦绩腾声，或以文学标誉，海内仰之如瑞凤祥麟，脍炙士林久矣，不毂以窃识之。

迨登仕版，分符宰岩邑也，则神勃勃往以为曩。昔所愿执鞭清献、文毅辈庶，几入其乡，挹其余馨也者。下车以来，进邑博士弟子而询焉。博士弟子偻而前曰：兹邑也，旧以科第侈称，嘉隆而后，则阅十数祀，仅一再举，视昔先达接踵比肩也，今何寥落哉？不毂闻而慨然。乃博士弟子趋而请曰：“地灵人杰自古记之，迩者文远不甚昌，郁得毋山水未效其灵耶？”不毂曰：“唯唯否否，尝闻之韩非子曰，冬日之闭冻也不固，则春夏之长草也不茂，天地不能常侈常费，而况于人乎于戏抑。又闻人定胜天之说乎？诸弟子淬尔志，颛尔业，懋尔问学，洞洞属属，罔有逸咎吐为文词川涌霞烂，举屑屑工铅椠者而龄龅之，即博巍第易易矣，何谓往盛继哉。”乃于博士弟子，月评其艺者三岁，试其艺者再逾年，而艺纶纶毋靛矣。又逾年而艺，烨烨敷华矣，三年而艺矫矫，然厌晚近习，窥左氏、史迁之藩禽矣。不毅每陕读所为艺因由尔，谓诸弟子，此可持以售主司哉？昔者之请，何愿有以解也。诸弟子跃然对曰，邑有唐门山，距城可五里，东亘海门，西控岩溪，二水环绕如两翼。然而山峙其中，当城之左臂，堪舆家所谓水口捍门也。山之西有将军岩，岩下有泉清冽，岁大旱不涸。宋朱晦庵先生提举浙东也，每行部阅历岩邑诸胜，於此山尤注意焉。盖谓山之椒插双笔，则域中及第者出，此晦庵先生语也，见郡人柯九思所著《永宁樵话》中可考而镜云。不毂闻而颔之，因召父老议费庀工，请于当道可其议。遂出其帑金羡者为石工资，目捐赎助之。以典史鄢君凌云董其役，荷锄之夫欣然执役，越数月而工竣。双塔对峙，屹然一邑雄镇哉，因题曰文笔、文星云。是秋诸弟子应制科，省试大比获隽者三：刘生梦龄、项生汝廉、王生文雷，翩翩遐举，一时并盛，邑士大夫偕来贺。不毂曰："此山水之助耶；抑诸弟子所为，举子艺骚骚然古也适与运合耶；而后来者，将未艾耶。"诸博士弟子以记请也，不毂因持前说以应之。时万历已卯重九日也。

袁应祺（文毂）今江苏兴化人　进士

明万历三年任黄岩知县

重建唐门双塔记

王憕记曰，予莅黄之初年，筑城建仓成梁修学土木之事未毕志乘之役，方殷咨访流传，周览形胜，拟复唐门双塔而有待也。明年，大总戎孙公复倡议兴修，予既承公命，为之疏矣。自念修废举坠司牧者，责也。奈何上烦公虑乎。既而志事告成，遂出廉余，鸠工庀材，选吉兴事，三月而功竣。

或曰，是举也，将取法前令袁侯为斯邑科名计乎。余曰“然然，非徒为是已也。”居室者，必健其户牖，高其闬闳，厚其屏蔽，而后寝兴通。器用备财贿充而礼仪生。唐门之筑双塔也，扼邑之门户而为之锁钥也。夫山川秀淑之气，回薄盘互郁积为人文，气散则精英不聚，不聚则耗而不登，民其流盐而物莫与之蕃息，何有于才杰之挺生，何有于科名这盛事哉。是故先王度地制邑也，相阴阳，观流泉，度关原，视山陵川泽险阴之所在，而沟封之地，邑民居必参桔得也。《易》曰：“裁成天地之道，辅相天地之宜，以左右民。”盖天地气化有所及，即有所不及，其不能不有赖于人力补裨者，理也。寒也，为之攒火。暑也，为之凿冰。雨旸也，而为之祈祷。吞蚀也，而为之鼓驰奔救，此天之所不足也，致力犹为难也，而著之经垂之令甲。然则水口无厄塞，邑城无艮峰，亦地之所不足者也，其能已于补裨乎。

塔两座计五层，高五丈三尺，周广五丈一尺，上砖下石，凡用砖八万石，七十丈土浆，八百工，一千四百有奇。始于乾隆三十五年十一月十八日，讫于三十六年正月二十四日，董其事者绅衿韩沣、管绍舆诸人也。

乾隆年间知县王憕

重建唐门山双塔记

吾乡黄岩，襟东海跨澄江，处台宕之间，乃舟车之会。邑之东北有唐门山也，形若龟，静卧永宁江畔。山之西有将军岩，乃元魏国公泰不华尽节处。伫立山巅，远挹群峰山色，俯瞰澄江波碧，令人襟抱清旷。晦庵先生云："山之椒插双笔，则城中及第者出。"明万历七年（1579 年），县令袁应祺，欲聚山川清淑之气，以助黄城文运之昌隆，遂顺民情，于山之巅建双培，名曰：文笔、文星，并为之记。即邑人所谓之"双宝珠"是也。是秋，诸弟子省试，获隽者三。此果建双塔之助耶？经风沐雨百余载，双塔渐圮。清乾隆三十五年（1770 年），黄岩镇总兵孙廷壁、知县王憕重修。塔成，王憕赋诗以记之："双塔悬岩立，先贤旧迹存。"清同治七年（1868 年），邑绅罗德润等再次重修。惜乎双塔毁于文革，惟遗残垣断壁深掩荒榛蔓草。欣逢盛世，物阜民丰。有识之士叹胜景之不再，欲复之，相率请于区政府。区委、区政府尊民意，重人文，记乡愁，乐成其事。乡贤朱智勇先生精技济世，心系桑梓，慨然捐资壹佰伍拾万元。吾侪同道之士，共襄盛举。遂于丙申年（2016 年）仲夏鸠工庀材，数月而就。新塔五层六面楼阁式形制，高十六点九米，附建集贤廊、仲山亭游步道，塔身亮化、园林点缀，蔚成大观。是年初冬古塔重光。过望江亭，行山径，登石级，双塔峙立，巍巍眼前。迎风舒眺，方山紫、阜两峰之巅文笔、华盖破云倚天而立，与唐门双塔遥相辉映。天地精华之凝聚，山川灵气之钟毓，朱子儒学之代传，于是龙凤翔集，后先相望。悠悠青史，有南来贤相杜范、布衣诗人戴复古、文史大儒陶宗仪、哲学大家黄绾、三边总制曾铣、方志学家王菜、榜眼喻长霖、抗日名将陈安宝、“两弹一星”功勋陈芳允等诸多先贤，不胜枚举，海内仰之。鉴古以观今，慕前贤而启后学。善哉此举，宝珠重辉，文教传承绵绵不绝，邹鲁遗风永永无极！爰为记。

补记：受区委、区政府主要领导委托，副区长陈金华于公元 2015 年 10 月 10 日主持召开重建唐门山双塔专题会议，决定由区老年体育协会负责主事；敦请浙江省古建筑设计院设计；标力建设集团公司承建：项目经理王敏、黄昌敏重建双塔。择吉于 2016 年 7 月 6 日动工，历时 4 个月工竣。承蒙区慈善总会、文广新、国土、规划、电力诸局通力协作；区交通局，经济开发区，高铁，东、南、北区建设指挥部，朱智勇、虞伟炳、施慧勇、范家秋、李富妙、王立宏诸位先生倾心赞助；北城街道办事处、区老年体协尽职尽责；并有朱锋、牟正华、王前进、章显林、牟建文、程啸、朱江、张良、杨康、符艺楠、杨荣军、毛澄朝先生及周围民众，大环园林公司等大力支持；本邑名家为廊亭撰联书丹。懿德善举，勒石以昭不朽。

何常曦篆额

邑人章显林谨记

公元二〇一六年仲冬

台州重建崇节祠记

今夫圣人之设教也，必保忠而重节，以其所系于纲常名义者，正非浅鲜也。黄岩澄江唐门山之侧，旧有崇节祠，祀元泰忠介公及从难诸人。年久浸废，邑绅广文江君青，因请于邑宰关君钟衡，募资重建而新之，甚盛举也。

按《元史列传》：公名泰不华，字兼善，伯牙吾台氏，初名达普化。以台州路达鲁花赤讨方国珍战死，追赠荣禄大夫、江浙行省平章政事、柱国，封魏国公，予谥忠介。公故以进士第一人及第，文章门阀之盛，一时无比，又能完节，宜后人思慕不置如此。祠成，关君既率邑贤士大夫为文以祭之，江君又于祠后将军岩为书刻“元魏国公忠介尽节处”几大字以志，俾后之凭吊者得以观焉。

祠凡五楹，南临澄江，北俯翠屏，西带灵溪，山顶有双塔。将军岩壁立十余丈，古松合抱，盘盖其巅。崖下石潭澄澈如镜，祠前有方塘，大旱不涸，凿石栏以围之。江边筑堤里许，杂植桃柳其上，舟行指点，严如画图，为登临之胜处。

夫元当至正之末，天下事已不可为，公终不以不可为而不为，卒以身殉，可悲也！然公名在千古，今读史者往往欷歔慨慕。以比余忠宣为元一代光，亦可慰矣。江君读书好义，更搜公遗文轶事，辑为《崇节录》，将梓以问世。夫人臣能忠于所事，则朝廷尊，朝廷尊则天下治，天下治则百姓安，所以圣人设教必褒忠而崇节以风世也。关江二君，可谓得其意矣！江君方官宁波府教授，以祠记请，因为记之如右。嗟呼！如江君可不谓贤于人远乎！是可以风已。

光绪二十四年（1898年）岁次戊戌冬十二月之朔

（浙江宁绍台道仪征吴引孙撰文，黄岩县林骏书丹，江青篆额）

唐门修禊记

光绪二十有五年，岁在已亥三月三日，会于台州黄岩之唐门，祀元魏国忠介公于崇节祠，且修禊也。其地在县东北五里，有岩甚巨，号曰将军，双塔冠其上，澄江泾其下，方池浸其前，新河襟其外，崇山茂林，清流映带兼而有之矣。是日也，时和气清，风物闲美，淡云微雨，为养花之天，睿日光风得寻芳之地，揽江山之胜，紧挹竹柏之清标，致足乐也。

予尝上下今古，曾言志，有沂雩之游。盖在孔子自卫返鲁之明年戊午之岁，至永和癸丑八百三十六年，而有山阴兰亭之集。由晋癸丑迄元至正庚子，千有八载，而有余姚秘图湖之会。自元庚子至今光绪已亥五百四十年，而有唐门之集。上溯沂水沂雩之游，盖二千三百八十余年矣。然沂雩、兰亭、秘图皆一时之事，改岁之后不复举焉。今则崇祀忠节，景慕前修，风厉多士，岁以为常。当国家承平，江山清晏，自兹以往，虽绵历千年，如一日尔。彼游观之乐，俯仰之间，已为陈迹，而忠义之气，千载如生。以视兰亭已矣，梓泽邱墟者，岂可同年而语也……且沂雩之游，童冠十二三人，而咏归之，诗不传焉。永和至正则皆四十二人，其赋诗者晋二十六，元三十一遗什流传尚在人口。今会者二十人，虽不及晋元之多，而已逾于孔门之数。至于诗成于不成，则听其之自为，不为金谷之罚酒也。

嗟呼，当周之东天下，既莫能宗孔子，孔子亦不求仕，故乐与其门曾皙徜徉沂水之间，以终老其身。至兰亭之集则谢安实为之首，其后出为世用，折桓温之气，挫符秦之兵，辅晋中兴，动业灿焉。若夫秘图湖之会，羽庭刘仁本实主其事，羽庭乃心王室而所辅非人，卒以致败，其可叹也。且羽庭所辅者乃方氏也，而忠介所讨者，亦方氏也。羽庭欲辅方氏以忠于元，而方氏不能用，以至于败。忠介欲讨方氏以忠于元，而志大才疏，卒为方氏所害。君子尤叹之。然此二人皆孤忠劲节，大义凛然，自是千古固未可以成败论人也。

今吾与诸贤幸生清室中兴之世，宜可游咏林泉，然自得矣。然者，敌国外患纷至沓来，不知诸贤之中谁能建淝水之功，谁则怀东山之志，庶几处为小草，出为远志。而兄食足兵，兴礼兴乐，内治修而远人服，以上追孔门酬知之盛，顺不伟欤。予老矣，用特书之以谂后之人，乃作诗曰：

唐门山枕澄江涘，泰公孤坟在其趾。江朗走告关尹喜，下筑新祠映江水。

已亥暮春修禊祀，翩翩翔集二十士。重节表忠恭桑梓，千秋万岁长如此。

我是巴人哥下里，欲以未曲引流征。虽无丝竹悦里耳，一觞一咏情何已。

越中胜迹难偻指，当以天地相终始。

参考文献

[1] 池太宁 . 黄岩寻踪 [M]. 北京：中国文史出版社，2012.
[2] 池太宁，陈理尧，於仙海，等 . 黄岩历代名人 [M]. 北京：中国文史出版社，2017.
[3] 金渭迪 . 黄岩金石志 [M]. 北京：中国文史出版社，2012.
[4] 李一，周琦. 台州文化概论 [M]. 北京：中国文联出版社，2002.
[5] 叶哲明. 台州文化发展史 [M]. 昆明：云南民族出版社，2016.
[6] 宋濂 . 元史 [M]. 北京：中华书局，1976.
[7] 严振非 . 黄岩志 [M]. 北京：中华书局，2002.
[8] 袁应祺，牟汝忠 . 万历黄岩县志 [M]. 上海：上海古籍书店，1963.
[9] 金渭迪 . 黄岩金石志 [M]. 北京：中国文史出版社，2013.
[10] 台州市黄岩区地方志编纂委员会办公室 . 黄岩风物志 [M]. 北京：中华书局，2010.
[11] 台州市黄岩区佛教协会 . 黄岩佛教志 [M]. 北京：华夏出版社，2013.
[12] 台州市黄岩区政协文史委 . 永宁史话 [M]. 北京：中国文史出版社，2018.
[13] 张永生，徐先学，张炳方 . 黄岩历代诗词选：宋元部分 [M]. 北京：中国文史出版社，2019.
[14] 张永生，徐先学，张炳方 . 黄岩历代诗词选：客籍人物部分 [M]. 北京：中国文史出版社，2017.
[15] 赵康龄 . 杜范奏章选读 [M]. 北京：中国文史出版社，2018.

[16] 郑九蝉．保境安民：方国珍评传 [M]. 杭州：浙江人民出版社，2013.
[17] 朱汝略，奚永宽．浙东军事芜史 [M]. 长春：吉林文史出版社，2005.
[18] 朱幼棣．淡出九峰 [M]. 北京：中国友谊出版公司，2017.
[19] 严振非．朱熹与台州 [J]. 东南文化，1990（6）:282–285.
[20] 陈垣．元西域人华化考 [M]. 北京：中华书局，2016.
[21] 王颋．伯牙吾氏泰不华事迹补考 [J]. 民族研究，2007（2）：90–96.
[22] 王艳峰．泰不华与雅琥比较研究 [D]. 保定：河北大学，2012.
[23] 潘龙威．元儒周仁荣生平述略 [J]. 台州学院学报，2017（1）：10–12.
[24] 王东平．民族文化认同与蒙元历史发展 [J]. 淮阴师范学院学报，2015（1）：53–61.
[25] 郑琦．黄岩古塔园林艺术 [J]. 浙江建筑，2016，33（11）：5–12.
[26] 邱江宁，宋启凤．论元代“续兰亭会”[J]. 江苏社会科学，2013（6）：185–190.
[27] 葛金国．校园文化：理论意蕴与实务运作 [M]. 合肥：安徽大学出版社，2006.
[28] 王邦虎．校园文化论 [M]. 北京：人民教育出版社，2000.
[29] 路柳．关于地域文化研究的几个问题 [J]. 新华文摘，2005（4）：149
[30] 夏志芳．地域文化·课程开发 [M]. 合肥：安徽教育出版社，2008.